버락 오바마,
불가능을 가능으로 바꾼
1%의 용기와 희망

스코프는 책에 관한 아이디어와 원고를 설레는 마음으로 기다리고 있습니다. 책으로 엮기를 원하는 아이디어가 있으신 분은 이메일(bookrose@naver.com)로 간단한 개요와 취지, 연락처 등을 보내주세요. 망설이지 말고 문을 두드리세요. 길이 열릴 것입니다.

버락 오바마,
불가능을 가능으로 바꾼
1%의 용기와 희망

초 판 1쇄 발행 | 2008년 12월 10일
개정판 1쇄 발행 | 2012년 11월 23일
개정판 2쇄 발행 | 2013년 2월 20일

지은이 | 이채윤
그린이 | 이정헌
펴낸이 | 박영욱
펴낸곳 | 스코프

경영총괄 | 정희숙
편집개발자 | 이상모
편집 | 임은희 · 권기우
마케팅 | 최석진 · 이종진
표지 · 본문 디자인 | 최희선
디자인 | 서정희
법률자문 | 법무법인 명율 대표 변호사 안성용

주 소 | 서울시 마포구 서교동 468-2번지
이메일 | bookrose@naver.com
전 화 | 영업문의 : 02-322-6709   편집문의 : 02-325-5352
팩 스 | 02-3143-3964

출판신고번호 | 제313-2007-000197호
ISBN 978-89-93662-97-9 (73810)

「이 도서의 국립중앙도서관 출판시도서목록(CIP)은 e-CIP홈페이지(http://www.nl.go.kr/ecip)와 국가자료공동목록시스템(http://www.nl.go.kr/kolisnet)에서 이용하실 수 있습니다.(CIP제어번호: CIP2012005109s)」

* 이 책은 스코프가 저작권자와의 계약에 따라 발행한 것이므로 이 책 내용의 일부 또는 전부를 이용하려면 반드시 스코프의 서면 동의를 받아야 합니다.
* 책값은 뒤표지에 있습니다.
* 잘못 만들어진 책은 구입하신 서점에서 교환해 드립니다.

누구누구 시리즈 ①

버락 오바마,
불가능을 가능으로 바꾼
1%의 용기와 희망

이채윤 지음 | 이정헌 그림

Scope

머리말
희망을 버리지 말 것

우리는 희망에 대해 많은 말을 합니다. 어린이 여러분들에게도 많은 희망이 있을 것입니다. 축구를 할 때도 우리 팀이 이길 것이라는 희망이 있기 때문에 열심히 뛰는 것이죠. 공부를 할 때는 '나는 훌륭한 사람이 될 거야'란 희망이 있기 때문에 힘든 공부를 할 수 있죠.

그런데 만약, 여러분이 학교에 갔는데 아이들이 따돌리고, "넌 공부를 해봤자, 훌륭한 사람이 될 수 없어"란 말을 들었다면 어떤 기분이 들까요? 처음에 한두 번은 참고 넘어가겠지만 나중에는 점점 마음이 약해져서 '난 무엇을 해도 안 될 거야'란 생각을 하게 될 것입니다. 그렇게 희망을 버리기 시작하면 모든 일에 의욕이 없어집니다.

여기 한 소년이 있습니다. 어렸을 때부터 피부가 검다는 이유로 친구들이 따돌렸죠. 게다가 선생님이 무시하는 경우도 있었습니다. "넌 피부가 검기 때문에 성공할 수 없어"란 말을 듣고 방황했습니다. 그러나 이 소년은 방황을 마치고 1%의 희망을 붙잡았습니다. 자신이 남에게 도움이 되는 사람이 될 수 있다는 생각을 갖고 노력했습니다. 마음을 열고 자신을 드러내기 시작하자, 사람들은 이 소년을 이해하기 시작했습니다. 이 소년은 결국 미국의 대통령까지 되었습니다.

지금 어린이 여러분은 이 소년보다 더욱 많은 가능성을 갖고 있습니다. 잠시 어려운 일이 있더라도 '난 무엇이든 할 수 있어'란 긍정과 희망을 갖고 노력한다면 어려움쯤이야 단번에 헤쳐 나갈 수 있습니다.

그래도 또 다시 어려운 일이 생긴다면, 작은 흑인 소년 오바마를 생각하세요. 다시 희망이 생길 것입니다.

이채윤

버락 오바마는 누구?

버락 오바마(Barack Hussein Obama, Jr.)는 미국의 44대 대통령입니다. 2008년에 당선된 오바마 대통령은 그해에 '미국인이 가장 존경하는 인물'로 뽑혔고, 2009년에는 노벨 평화상까지 받았습니다.

그가 이렇게 존경받는 인물이 된 이유는 무엇보다도 흑인 최초로 대통령이 되었다는 '인간 승리'의 드라마 때문입니다. 미국은 여러 가지 인종이 모여 사는 곳입니다. 흑인과 백인 그리고 아시아인과 남미 쪽에서 온 히스페닉계 사람들까지 정말로 많은 인종들이 있죠. 그런데 특히 흑인은 1863년 링컨 대통령이 노예해방선언을 하기까지 사람이 아니라 가축 같은, 백인의 재산 취급을 받았습니다. 노예해방이 된 이후에도 백인이 들어가는 식당에 들어가지 못하게 하거나, 버스 앞자리에 앉지 못하게 하거나, 백인이 다니는 학교에는 다니지 못하게 하거나 하는 차별이 존재했습니다. 게다가 흑인들은 국민이면서도 자신들을 대표하는 사람을 뽑을 수 있는 권리, 즉 투표권이 없었습니다. 1965년이 되어서야 겨우 투표권을 행사할 수 있도록 법이 바뀌었습니다.

법이 바뀌었어도 사람들의 마음속에는 흑인에 대한 차별이 남아 있었죠. 흑인이라면 당연히 공부도 못하고, 무식한 존재라는 선입견을 갖고 쳐다보았고, 공공연하게 백인과 어울리지 못하도록 막기도 했습니다.

오바마도 어린 시절에 이런 대접을 받았습니다. 그러나 오바마는 좌절하지 않았고, 흑인으로서는 최초로 하버드대학 로스쿨(법학 대학원) 편집장이 되었고, 드디어 세계인이 주목하는 미국 대통령까지 오릅니다.

백인 어머니와 흑인 아버지 사이에서 태어났지만 단지 피부색이 검다고 차별을 받은 오바마가 그 억울함을 이겨내고 세계 모든 사람의 존경을 받는 인물이 되었기에 우리는 그에게서 희망을 버리지 않는 정신을 배웁니다.

차례

머리말 희망을 버리지 말 것   4
버락 오바마는 누구?   6

 1장 외로운 소년 오바마
검은 아빠, 하얀 엄마   12
신비한 나라, 인도네시아   17
어머니의 결단   22
열 살짜리 소년의 악몽   27
상상 속의 아버지   34
 **지식창고** 존경받는 미국의 대통령들   40

 **2장** 성장의 고통
스티비 원더, 농구, 그리고…   44
그건 네 이야기란 말이야   48
몸 속에 흐르는 피   54
혼란스러운 마음   59
나는 흑인이 아니야   66
최초의 연설   71
지식창고 말콤 엑스와 마틴 루터 킹   76

3장 꿈을 주는 사람이 되자

공동체 조직가의 꿈　80

하버드로 가다　86

정치 세계로의 첫발　93

스타 탄생　99

지식창고 백악관과 청와대　104

4장 대통령 오바마

지금이 기회다　108

최초의 흑인 대통령　113

평화와 화합을 위하여　121

또 다른 4년　127

지식창고 미국의 대통령 선거　132

재미있는 논술활동　134

1장
외로운 소년 오바마

검은 아빠, 하얀 엄마

    1961년 8월 4일, 버락 오바마는 하와이의 호놀룰루에서 태어났습니다.

    그는 아프리카 케냐인 아버지 '버락 오바마'와 미국 캔자스 출신의 백인 어머니 '스탠리 앤 던햄' 사이에 태어난 혼혈아였습니다.

    오바마의 아버지와 어머니는 하와이 대학에 함께 다닌 동창생이었습니다.

    아버지는 하와이 대학 역사상 처음으로 아프리카에서 유학 온 학생이었습니다. 그는 새롭고 현대적인 아프리카를 만들기

위해 케냐에서 보낸 장학생이었던 거죠. 성실하고 열심히 공부한 그는 3년 만에 1등으로 졸업했습니다.

수줍음 많고 새침데기였던 열여덟 살의 미국인 어머니는 아프리카에서 온 스물세 살의 잘생기고 똑똑한 흑인 청년에게 반해버렸습니다. 두 사람은 함께 러시아어를 공부하면서 사랑에 빠졌습니다.

스탠리는 청년 오바마를 자기 집으로 데려가 부모님께 소개했습니다. 그녀의 아버지는 처음에 펄쩍 뛰면서 반대했습니다.

"내 딸을 아프리카에서 온 검둥이에게 줄 수는 없다."

1960년만 해도 미국의 주 절반 이상에서 흑인과 백인 사이의 결혼을 법으로 금지하고 있었습니다. 흑인을 노예로 사고팔았던 미국에서 백인이 흑인과 결혼하는 것은 죄를 짓는 것과 같았습니다.

하지만 그녀의 아버지는 자유로운 정신의 소유자였습니다. 얼마 안 가서 아프리카에서 온 청년 오바마의 매력과 지성에 결국 두 손을 들고 그들의 결혼을 허락했지요.

두 사람은 조용히 결혼식을 올렸고, 얼마 후에 검은 피부에 초

롱초롱한 눈을 가진 귀여운 아들이 태어났습니다. 아버지가 된 버락 오바마는 아들에게 '버락 오바마'란 자신의 이름을 그대로 물려주었습니다.

불행하게도 그의 아버지와 어머니는 소년이 두 살 되던 해에 헤어졌습니다. 두 사람은 서로 사랑했지만 그들에게는 서로를 가로막는 문제가 생겼습니다.

하와이 대학을 졸업한 아버지는 장학금을 주는 또다른 대학에 입학하게 되어 있었죠. 그는 최고의 명문 대학인 하버드 대학의 대학원에 가게 된 것입니다. 아버지는 아내와 아들을 데리고 가고 싶었지만, 그 장학금에는 가족을 데리고 함께 생활할 수 있는 돈이 포함되지 않았습니다. 이렇게 해서 그들 가족은 헤어져 살게 되었습니다.

그런데 아버지는 하버드 대학에서 박사학위를 받은 뒤에 아내와 아들에게 돌아오는 대신 아프리카 대륙과 한 약속을 지키기 위해 모국인 케냐로 돌아갔습니다. 어머니와 아들은 미국에 남았습니다. 그것이 그들 가족의 슬픈 이별 이야기입니다.

아버지와 헤어지고도 씩씩하게 살아가던 어머니에게 새로 다가온 멋진 남자가 있었습니다. 그 사람은 하와이 대학에 다니던 인도네시아 유학생으로, 이름은 '롤로 수토로'라고 합니다.

오바마가 여섯 살이 되던 1967년의 일이었습니다.

그 남자는 키가 작고 피부색은 갈색이었습니다. 그는 성격이 침착하고 냉정했으며 아주 잘생긴 사람이었습니다.

롤로는 하루가 멀다 하고 찾아와서 외할아버지와 몇 시간씩 체스 게임을 했습니다.

그러던 어느 날, 어머니가 말했습니다.

"롤로가 제게 청혼을 했어요. 그와 결혼하고 싶어요."

외할아버지와 외할머니는 이미 짐작하고 있었던 일이기 때문에 그다지 놀라지 않는 눈치였습니다.

"그런데 우리더러 자기 나라에 가서 함께 살자고 해요."

"인도네시아로 말이냐?"

"예."

그 자리에는 오바마도 있었습니다. 여섯 살짜리 오바마는 별로 놀라지 않았습니다.

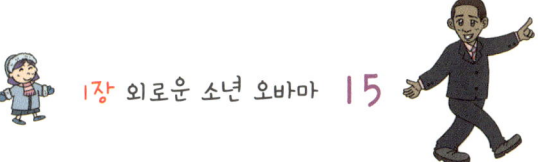

1장 외로운 소년 오바마

"너, 엄마랑 그 아저씨 따라 인도네시아에 가서 살래?"

소년은 인도네시아가 어디인지도 몰랐지만 반대하지 않는다고 대답하고 어른스럽게 물었습니다.

"엄마는 정말 그 사람을 사랑해?"

순간 어머니는 턱이 덜덜 떨릴 만큼 감동했습니다. 그리고 어머니는 어린 아들을 조용히 품에 안았습니다. 그러고 있으니 소년은 갑자기 자기가 어른스럽고 용감해지는 느낌이 들었습니다. 왜 그런지 이유는 알 수 없었지만 말이지요.

신비한 나라, 인도네시아

인도네시아에서의 새로운 생활이 시작되었습니다.

인도네시아는 어린 오바마에게 정말이지 새로운 세상이었습니다. 보고, 듣고, 먹고, 만지는 것들이 모두 새로워서 한동안 정신을 못 차릴 지경이었습니다.

그들이 살게 된 집의 뒷마당은 그야말로 작은 동물원이었습니다. 무리를 지어 이리저리 돌아다니는 닭과 오리들, 극락조 두 마리, 흰 앵무새 한 마리, 그리고 마당 가장자리 울타리가 쳐진 연못에 반쯤 물에 잠겨 있는 새끼 악어 두 마리, 앞마당에서 무섭게 짖어대는 커다란 누렁이까지……

처음에 인도네시아에 왔을 때 오바마는 학교에 가는 것이 무척 싫었습니다. 다른 아이들이 피부색이 다른 오바마를 늘 놀렸기 때문입니다.

"배리, 넌 누구냐? 아빠도 엄마도 너도 다 다른 모습이잖아?"

"음…… 그건……."

배리는 오바마의 애칭이었습니다. 사실 오바마도 왜 자기의 피부색이 어머니와도 같지 않은지 이해하기 어려웠습니다. 학교에서 돌아온 오바마는 어머니에게 물었습니다.

"엄마, 난 왜 엄마랑 피부색이 달라?"

어머니는 어린 오바마에게 헤어진 아버지에 대해 얘기해 주었습니다.

"그래, 배리. 너의 아빠는 아프리카 케냐 사람이야. 키도 크고 아주 멋지게 생긴 분이란다……."

오바마의 궁금증은 여전히 풀리지 않았습니다.

하지만 이젠 슬퍼하지 않기로 했습니다. 밖에 나가면 원숭이며 야생동물들이 있고, 아름다운 자연이 눈앞에 펼쳐져 있기 때문입니다. 소년은 아이들과 여러 곳을 돌아다니며 온갖 개구쟁

이짓을 했습니다. 아이들과 몰려다니며 메뚜기를 잡아서 구워 먹기도 했고, 뱀고기를 먹어보기도 했습니다.

연줄을 서로 비벼서 상대방의 줄을 끊는 연싸움도 배웠습니다. 줄이 끊어진 연이 바람을 타고 하늘 높이 사라지는 모습을 지켜보며 오바마는 그 연이 어디까지 날아갈까 생각했습니다.

오바마가 인도네시아의 말과 풍습, 그리고 온갖 장난을 배우는 데는 여섯 달도 채 걸리지 않았습니다. 그동안 그는 수두와 홍역을 이겨냈고, 학교에 다니기 시작했습니다.

양아버지인 롤로는 어머니와 오바마에게 언제나 친절하고 따뜻하게 대했습니다. 그는 테니스를 잘 쳤고, 오바마에게는 권투를 가르쳐 주기도 했습니다. 그런데 집안 살림은 그다지 넉넉하지 않았습니다. 롤로는 열심히 일했지만 두 달치를 모아야 냉장고 한 대를 살 수 있을 정도로 월급이 적었습니다. 미국 유학까지 마치고 돌아와서 그런 대접을 받고 보니 롤로는 의기소침해졌습니다.

어머니는 이대로는 안 되겠다는 생각에 곧바로 일자리를 찾아 나섰습니다. 어머니는 미국 대사관에서 인도네시아 사업가들에게 영어를 가르치는 일을 시작했습니다.

그녀가 가장 중요하게 여긴 것은 아들의 교육이었습니다. 그래서 그녀는 아들을 가르치는 데 가장 큰 노력을 기울였습니다. 자카르타에 있는 대부분의 외국인 아이들은 국제학교에 다녔습니다. 그러나 어머니는 아들을 거기에 보낼 경제적인 여유가 없었기 때문에 오바마를 그냥 인도네시아 아이들처럼 인도네시아 학교에 보냈습니다.

어머니는 아들을 직접 가르치기로 결심했습니다. 어머니는 일주일에 다섯 번, 새벽 네 시면 어김없이 아들을 깨웠습니다.

"배리, 일어나야지. 영어 공부할 시간이야."

어머니는 매일 출근하기 전에 세 시간 동안 오바마에게 영어를 가르쳤습니다. 거의 강제로 아침을 먹이고 공부를 시작하면 아들은 잠이 덜 깨서 5분마다 한 번씩 고개를 책상에 부딪쳤지만 어머니는 그만두지 않았습니다. 아들은 강하게 저항도 해 보았지만 어머니는 단호하게 말했습니다.

"배리, 우리는 지금 소풍 나온 게 아니란다!"

어머니의 결단

마침내 어머니는 결심했습니다.

그녀는 자기 아들이 인도네시아 사람이 아니고 미국인이라는 결론을 내렸습니다. 그렇기 때문에 아들이 공부해야 할 곳은 인도네시아가 아니라 미국이어야 했습니다.

그녀는 하와이에 있는 오바마의 할아버지, 할머니께 전화를 걸어서 의논했습니다.

"어머니와 아버지가 저 좀 도와주세요. 오바마를 그곳으로 보내야겠어요."

다행이 외할아버지와 외할머니는 어느 정도 여유 있는 생활을

하고 있었습니다. 외할아버지는 보험회사에 다녔고, 외할머니는 20년째 은행에 다니는 경력 사원이었습니다. 손자를 사랑했던 두 분은 선뜻 딸의 부탁을 들어 주었습니다.

"어서 보내렴. 그 아이는 당분간 우리가 가르치마."

그렇게 해서 열 살짜리 소년 오바마는 하와이로 가는 비행기를 탔습니다.

어머니는 양아버지인 롤로와의 사이에서 여동생 마야를 낳았습니다.

소년 오바마는 자신의 가족을 사랑했습니다. 그러나 피부색이 다르고 사고방식, 행동거지가 다른 사람들 사이에 살면서 외톨이가 되는 기분이 드는 것은 어쩔 수 없었습니다.

'나는 태어나서 아빠를 한 번도 본적이 없잖아…….'

그는 자신보다 외로운 아이는 없을 거라고 생각했습니다. 그는 어머니가 극성스럽게 새벽 네 시부터 자신을 깨워서 영어를 가르치는 이유도, 혼자 비행기를 태워 쫓아 보내듯이 하와이로 보내는 이유도 몰랐습니다.

하지만 어머니를 원망하지는 않았습니다. 소년의 머릿속에는

1장 외로운 소년 오바마

어머니가 자신을 비행기에 태우기 위해 속삭이던 말이 떠올랐습니다.

"너는 이제부터 미국에 있는 학교에 다녀야 해. 아무리 늦어도 1년 안에는 엄마도 마야를 데리고 하와이로 뒤따라갈게. 여기 오기 전에 외할아버지, 외할머니와 얼마나 재미있는 시간을 보냈었는지 생각해 보렴. 아이스크림, 만화책, 크리스마스, 그리고 해변에서 보낸 시간들 말이야. 거기에 가면 넌 이제 새벽 네 시에 일어나지 않아도 돼."

소년은 어머니의 마지막 말에 귀가 솔깃했습니다. 새벽 네 시에 일어나는 일, 그것은 정말 너무너무 싫었습니다.

소년은 비행기 창에 비치는 파란 하늘을 바라보면서 앞으로는 뭔가 좋은 일이 있을 것이라고 생각했습니다.

'그래, 이제부터 멋지게 살아 보는 거다.'

열 살 소년 오바마는 멋지게 산다는 것이 무엇인지 몰랐지만 어른처럼 비행기 안에 혼자 앉아서 그렇게 중얼거렸습니다.

그러는 사이에 비행기는 어느덧 태평양을 건너 하와이에 도착했습니다. 소년은 비로소 고향에 돌아온다는 기쁨과 외할아버지

와 외할머니를 만나게 된다는 설렘에 몸을 떨었습니다.

하와이 호놀룰루 공항에 도착하자 오바마의 외할아버지와 외할머니가 마중을 나와 있었습니다.

두 분은 소년을 향해 손을 요란하게 흔들고 있었습니다. 소년도 반가워서 손을 흔들었습니다. 외할아버지와 외할머니는 손으로 소년을 가리키며 웃고 있었습니다.

"오바마! 많이 컸구나!"

외할머니는 어린 소년을 끌어안고 울었습니다. 그녀는 사탕과 껌 등으로 만든 목걸이를 손자의 목에 걸어 주었습니다. 외할아버지는 소년을 번쩍 들어 올려 가슴에 안았습니다.

외할아버지가 모는 차는 고속도로를 따라 달렸습니다. 오바마는 두 분에게 인도네시아에서의 생활과 남아 있는 사람들의 소식을 전했습니다.

"그래, 너는 정말 좋은 것을 많이 배웠구나."

외할머니는 줄곧 인자하고 따뜻한 시선으로 말씀하셨습니다. 외할머니는 학교에 가려면 옷을 새로 사야겠다고 했습니다. 소년은 이제 낯선 사람들에게 둘러싸여 살아야 한다는 사실을 깨달았

습니다. 아는 친구도 없고 어머니도 없는 곳에서 외롭게 살아야 한다고 생각하니 무척 울적해졌습니다.

그래도 하와이 생활은 외할아버지와 외할머니의 지극한 사랑 덕분에 순조롭게 시작되었습니다.

외할아버지와 외할머니는 시간이 날 때마다 오바마를 데리고 바닷가로 나갔습니다. 아름다운 태평양의 푸른 바다, 그리고 짠맛이 진하게 느껴지는 공기, 거센 파도가 달려와 하얀 거품으로 부서지는 북쪽 강가를 보여 주었습니다.

마노아 폭포의 시원한 물줄기와 이끼가 뒤덮인 절벽, 활짝 핀 생강꽃, 그리고 새들의 소리가 하늘을 가득 채우고 있었습니다.

오바마는 비로소 기쁨을 느꼈습니다.

'이곳이 하와이다! 아, 이곳이 바로 내가 살던 곳이야.'

 ## 열 살짜리 소년의 악몽

　소년 오바마는 하와이 최고의 명문 사립학교 푸나호우 아카데미 5학년으로 다시 입학했습니다.

　푸나호우는 역사가 130년이나 된, 하와이에서 많은 엘리트를 배출해낸 명문 학교였습니다. 오바마의 어머니가 아들을 하와이로 보낼 결심을 한 것도 이 학교의 명성 때문이었습니다.

　푸나호우는 푸른 잔디밭이 넓찍하게 깔려 있고 싱그러운 나무와 푸른빛을 드리운 나무들이 즐비했습니다. 오래된 기숙사 시설은 새로 지은 현대식 학교 건물과 조화를 이루고 있었습니다. 테니스 코트, 수영장, 사진을 찍는 스튜디오도 여러 개 있었습니다.

사실 이 학교에 입학하는 것은 쉬운 일이 아니었습니다. 대기자가 무척 많았지만 외할아버지는 이리저리 뛰어다니며 손자가 입학할 수 있도록 만들었습니다. 덕분에 오바마가 흑인이라는 사실은 입학하는 데 아무 문제가 되지 않았습니다.

오바마의 담임 선생님은 '헤프티'라는 이름을 가진 활기찬 성격의 여자 선생님이었습니다.

헤프티 선생님은 아이들에게 오바마를 소개했습니다.

"자, 인사들 하렴. 이번에 새로 전학 온 버락 오바마란다."

그러자 교실 이곳저곳에서 킥킥거리며 웃는 소리가 들렸습니다. 미국에서 '버락'이란 이름이나 '오바마'라는 성은 한 번도 들어본 적이 없는 것들이었기 때문에 아이들에게는 아주 생소하고 이상했습니다. 게다가 그 반에는 흑인이 딱 한 명밖에 없었습니다.

헤프티 선생님이 말했습니다.

"네 아빠가 케냐 사람이라고 외할아버지께서 말씀하시더구나. 선생님도 옛날에 케냐에서 살았단다. 케냐는 정말 멋진 나라야. 아빠가 어떤 부족 출신인지 아니?"

소년은 한동안 입을 다물고 아무 말도 하지 못하다가 겨우 말했습니다.

"루오족이요."

그러자 아이들의 웃음소리가 더 커졌습니다.

"루오, 루오, 루오……"

뒷자리에 앉은 아이가 '루오'라는 말을 마치 원숭이가 내는 소리처럼 여러 번 되풀이했습니다.

"조용! 조용히 해요."

헤프티 선생님이 엄하게 꾸짖자 소동은 진정되었습니다. 그러나 그게 끝이 아니었습니다. 쉬는 시간에 빨강 머리의 여자아이가 물었습니다.

"머리카락 만져 봐도 돼?"

"안 돼!"

소년은 단호하게 말했습니다.

얼굴이 불그스름한 남자아이가 또 물었습니다.

"너희 아빠는 사람도 잡아먹니?"

"아니야. 우리 아빠는 식인종이 아니야."

소년은 눈물이 날 것만 같았습니다. 그날은 종일 멍한 상태로 보냈습니다. 너무도 힘든 날들의 시작이었습니다.

소년이 집에 돌아가자 외할아버지가 물었습니다.

"얘야, 헤프티 선생님이 케냐에서 산 적이 있다는 게 정말 놀랍지 않니? 너랑 이야기가 잘 통할 것 같은데, 어땠니?"

"……."

소년은 자기 방으로 들어가서 방문을 잠가버렸습니다.

그날 이후 열 살의 버락 오바마는 자신이 다른 아이들과 다르다는 생각 때문에 무척 혼란스러웠습니다. 우선 피부색이 달랐고 입고 다니는 옷, 취미도 다 달랐습니다. 그런 다른 모습에 대한 생각은 시간이 흐를수록 계속 커져만 갔습니다.

외할아버지가 사준 옷은 너무 유행에 뒤처져 있었습니다. 인도네시아에서 멋지게 잘 어울리던 인도네시아 샌들도 무척 초라하게 여겨졌습니다.

반 아이들은 대부분 하와이의 상류층 집안 자제들이었습니다. 대부분 집집마다 수영장이 있는 부자 동네에 살면서 유치원 때부터 함께 어울린 사이였습니다. 그들의 아버지는 부유한 사업가이

거나 유명 인사였고, 그들의 어머니는 자선행사를 후원하는 사람들이었습니다.

    반 아이들은 취미도 오바마와 달랐습니다. 그들은 인도네시아 아이들처럼 축구나 배드민턴을 하지 않았습니다. 그들은 멋진 자세로 야구공을 던졌고, 멋지게 스케이트보드를 탔습니다.

상상 속의 아버지

"오바마, 오바마 어딨니? 애야, 네 아빠가 널 만나러 온다는구나!"

어느 날 외할머니가 우편함에서 편지를 꺼내들고 오면서 외쳤습니다.

오바마는 그 말을 듣는 순간 머리가 멍해졌습니다.

외할아버지는 안경을 벗고 중얼거리듯 말했습니다.

"최악의 크리스마스가 되겠군."

그리고 한동안 아무도 말을 하지 않아 집안은 쥐죽은 듯이 조용했습니다.

오바마는 그동안 얘기만 들었던 아버지를 만난다는 것이 믿기지 않았습니다. 아버지는 어머니와 외할아버지, 외할머니가 들려준 이야기를 통해서만 알 수 있었던 상상 속의 인물이 아니었던가요? 그런데 이제 와서 나타나다니…… 소년은 두렵기까지 했습니다.

일주일 후, 아버지가 모습을 드러냈습니다. 키가 크고 피부가 검은 남자였습니다. 그때는 어머니도 하와이로 돌아와 함께 살고 있었습니다.

어머니의 말씀으로는, 인도네시아에 있는 동안에도 아버지와 계속 편지를 주고받았다고 합니다. 어머니와 마찬가지로 아버지도 재혼을 했습니다. 그래서 케냐에 사는 오바마의 형제가 모두 여섯 명이나 된다고 말씀해 주셨습니다. 남자가 다섯 명, 여자가 한 명입니다.

아버지는 교통사고로 몸을 심하게 다쳐서 오랫동안 병상에 누워 있었습니다. 그래서 건강을 돌보고, 무엇보다 사랑하는 아들 오바마를 만나기 위해 하와이에 오는 것입니다. 어머니는 오바마에게 이렇게 말했습니다.

"너하고 아빠는 굉장히 좋은 친구가 될 거야. 분명해."

아버지는 다리를 조금 절면서 소년에게 다가왔습니다. 아버지는 두 팔을 벌려 아들 오바마를 안았습니다.

"오바마, 정말 오랜만이구나. 너는 아빠를 기억하지 못하겠지?"

오바마는 아버지를 물끄러미 바라만 보았습니다. 아버지는 상상했던 것보다 훨씬 야윈 모습이었습니다. 흰 셔츠에 보라색 스카프 모양의 넥타이를 하고 밝은 스포츠 셔츠를 입고 있었습니다.

"외할머니 말씀을 들으니까 공부를 아주 잘한다면서?"

소년 오바마는 그저 어깨를 으쓱할 뿐이었습니다.

"얘가 아빠를 처음 보니 이상한가 보네."

외할머니가 오바마의 머리를 쓰다듬으며 말했습니다.

벽에는 나무 지팡이 하나가 세워져 있었는데, 그것은 아버지가 짚고 다니는 지팡이인 것이 분명했습니다. 과연 아버지는 그 지팡이를 짚고 여행 가방 쪽으로 가더니 거기서 나무를 깎아서 만든 인형 세 개를 꺼냈습니다. 사자 인형, 코끼리 인형, 그리고 전통 옷을 입고 북을 치는 흑인 인형이었습니다. 아버지는 웃으면서 인형들을 오바마에게 주었습니다.

"고맙습니다, 하고 인사해야지."

어머니가 말했습니다.

"고맙습니다."

오바마는 중얼거리듯이 말했습니다.

갑자기 아버지라는 사람과 마주치자 어린 오바마는 그 사실이 잘 믿기지 않았던 모양입니다.

"아빠는 한 달 정도 여기 있을 거다. 그동안 아빠랑 친해져 보자꾸나."

아버지는 아들의 심정을 이해할 것 같다는 표정으로 말했습니다. 그 말은 오바마에게 아주 따뜻한 이불처럼 포근하게 들렸습니다.

그날부터 다섯 식구는 함께 시간을 보냈습니다. 낮에는 차를 타고 오바마가 어렸을 때 함께 지냈던 장소를 찾아다니며 추억을 함께 나누고 저녁이면 할아버지 댁의 거실에서 대화를 나누었습니다. 어린 오바마에게는 아버지와 함께 자신이 태어났던 집을 찾아 간 일이 오래도록 잊혀지지 않는 추억이 되었습니다. 그 집

은 외할아버지가 하와이로 이사를 오면서 처음 샀던 집인데 이제는 병원이 되어 있었습니다.

한 달 동안 아버지는 아주 낯설고 강한 힘으로 어린 오바마의 마음을 사로잡았습니다. 그제야 그는 처음으로 아버지를 현실에 진짜로 존재하는 사람으로 받아들이게 되었고, 어쩌면 자기 곁에 영원히 존재할지도 모른다고 생각했습니다.

아버지는 학교에서 일일교사 활동을 하며 오바마의 기를 살려주기도 했습니다. 아버지는 백인들과 맞서 싸운 용감한 아프리카인에 대한 이야기를 해주었습니다.

아버지는 하와이를 떠났습니다. 오바마의 가족은 크리스마스 트리 앞에 나란히 서서 사진을 찍었습니다. 외할아버지 외할머니와 아버지, 어머니, 그리고 오바마가 함께 있는 유일한 사진입니다. 사진 속에서 오바마는 오렌지색 농구공을 들고 있는데 그것은 아버지가 그에게 준 선물입니다.

그 후 오바마는 아버지와 수년 동안 편지를 주고받기는 했지만, 다시는 아버지를 만나지 못했습니다. 몇 년 후 아버지가 교통사고로 돌아가셨기 때문이지요.

지식창고

 존경받는 미국의 대통령들

조지 워싱턴(George Washington, 1732년 2월 22일~1799년 12월 14일)
미국의 초대 대통령입니다. 미국의 건국 과정에서 중요한 역할을 수행해 미국 건국의 아버지라고 부릅니다. 영국과 벌인 독립전쟁에서 미국을 대표하는 총사령관으로 활약했습니다. 명석한 두뇌와 지도력으로 전투를 승리로 이끌며 그 이름을 알렸습니다. 결국 미국은 악조건 속에서도 승리를 거두어 독립을 얻어냈습니다.

에이브러햄 링컨(Abraham Lincoln, 1809년 2월 12일~1865년 4월 15일)
미국의 16대 대통령입니다. 미국에서 현재까지 가장 존경받는 대통령으로 뽑히고 있습니다. 가난한 집안에서 태어나 성실과 노력으로 독학을 했고, 수많은 실패를 거치면서도 대통령까지 오른 이야기는 많은 사람들에게 감동을 줍니다. 대통령이 된 후에 미국의 아픈 상처였던 노예 문제를 정면으로 건드려서 노예 해방 선언을 했고, 남북전쟁에서 북군을 지휘하여 전쟁을 승리로 이끌었습니다.

안타깝게도 링컨 대통령은 불만을 품은 암살자에 의해 저격을 당해,

생을 마쳐야 했습니다.

프랭클린 루즈벨트(Franklin Delano Roosevelt, 1882년 1월 30일~1945년 4월 12일)

　루즈벨트 대통령은 미국 경제가 파산을 했던 대공황과 제2차 세계대전을 슬기롭게 극복한 대통령입니다. 나라가 경제적인 위기에 빠졌을 때, 중앙정부가 적극적으로 복구에 나서는 '뉴딜정책'은 지금도 많은 세계의 지도자들이 본받으려고 하는 정책입니다. 루즈벨트 대통령은 세계 평화를 위해 국제기구가 필요하다는 주장을 펼쳤고, 사후에 UN이 결성됨으로써 그의 주장은 빛을 보게 됩니다.

존 F. 케네디(John Fitzgerald "Jack" Kennedy, 1917년 5월 29일~1963년 11월 22일)

　존 F. 케네디는 미국의 35대 대통령으로 단 2년밖에 대통령 역할을 수행하지 못했습니다. 46세의 나이에 암살을 당했기 때문입니다. 그러나 케네디 대통령은 2년 동안 많은 일을 했습니다. 흑인의 인권을 신장하기 위해서 공공장소 어디에서나 흑인이 차별받지 않도록 법을 개정하였고, 전쟁의 위협 속에서 과감한 결단을 내리기도 하였습니다. 그리고 인류를 달에 보내겠다는 위대한 계획의 시발점이 되었습니다. 인기가 아주 높았던 케네디 대통령은 워싱턴, 링컨, 루즈벨트 대통령과 함께 미국 역사상 가장 위대한 대통령에 이름을 올려놓았습니다.

2장 성장의 고통

 ## 스티브 원더, 농구, 그리고…

　오바마는 고등학생이 되어 햄버거 가게에서 아르바이트를 하면서 운전면허 시험에도 합격했고, 여드름 때문에 고민하고 가끔은 여학생과 서툰 데이트를 하는 나이가 되었습니다. 속으로는 흑인으로서 우뚝 일어서기 위한 투쟁이 시작되고 있었지만, 적어도 겉으로는 평온한 시기였습니다.

　어머니는 양아버지인 롤로와도 이혼하고 뒤늦게 대학원에 들어갔습니다. 오바마는 여전히 외할아버지, 외할머니와 지내고 있었습니다.

　그 무렵 오바마는 또래의 아이들처럼 스티비 원더(미국의 흑

인 가수)와 농구를 좋아했지만, 공부 또한 게을리하지 않았습니다. 그는 정말 스티비 원더의 노래를 다 외울 정도로 좋아했고, 자신이 가진 재능의 한계를 넘어서는 뜨거운 열정으로 농구도 열심히 했고, 공부는 항상 상위 그룹에 속할 정도로 잘했습니다.

그해 봄, 외할아버지는 하와이 대학 농구부의 한 경기에 오바마를 데리고 갔습니다. 오바마는 경기가 시작되기 전에 몸을 푸는 선수들을 바라보았습니다. 그들 중에는 다섯 명의 흑인 선수들이 있었는데 하와이 대학 농구부는 그들의 활약으로 전국 대회의 랭킹에서 늘 상위를 차지했습니다.

오바마의 눈에 비친 그들은 자신감에 넘치는 전사들이었습니다. 그들은 처음에는 자기들끼리 농담을 하며 낄낄거리고, 소리쳐 응원하는 여자아이들에게 윙크를 보내며 장난을 치는 것 같았지만 막상 시합에 들어가면 무서운 전사로 변했습니다.

그들은 호각이 울리면 코트 안에서 레이업 슛을 쏘고, 높이 뛰어오르고, 공을 향해서 사나운 전투를 벌였습니다.

오바마는 그 농구부원들에게 홀딱 반해서 농구를 시작했습니다. 그가 혼자서 농구를 시작했던 곳은 아파트 한편에 있는

운동장이었습니다. 주위가 어두워진 후에도 오바마는 부지런히 코트를 뛰어다녔습니다.

처음에는 두 손으로 슛을 했습니다. 그러다가 어설프지만 점프 업을 하고 드리블도 하게 되었습니다. 그는 그렇게 혼자 익힌 농구 실력으로 푸나호우 농구부의 선수가 되었습니다.

푸나호우 농구부는 이따금 하와이 대학 코트에서 경기를 했습니다. 그 경기장에서 오바마는 전에 그를 홀딱 반하게 했던 흑인 농구선수들을 만났습니다. 그들은 농구를 하면서 농구와 아무 상관없는 중요한 사실 하나를 오바마에게 가르쳐 주었습니다. 그리고 오바마는 거기서 깨달음을 얻었습니다. 최고의 선수는 자기가 올리는 점수가 몇 점인지 신경을 쓰지 않지만, 최악의 선수는 자기가 올리는 점수에만 신경을 쓴다는 사실입니다.

오바마는 농구장에서는 자기가 무엇을 하느냐에 따라 사람들에게 존경을 받을 수 있는 것이지, 아버지가 누구인가는 전혀 중요하지 않다는 사실을 배웠습니다.

 ## 그건 네 이야기란 말이야

오바마는 레이라는 흑인 친구와 친하게 지냈습니다.

레이는 농구부 소속이기도 했지만, 올림픽에 나갈 정도의 육상 실력을 갖춘 친구였습니다. 그 무렵 하와이에는 아프리카에서 이사 오는 흑인들이 많이 늘어나고 있었는데 레이도 그런 사람들 중에 하나였습니다.

비교적 얌전하게 자란 오바마는 레이를 통해서 거친 세상의 모습을 많이 알게 되었고, 낯선 곳을 드나들게 되었습니다. 레이는 대학이나 군부대 안에서 열리는 흑인 파티에 오바마를 데리고 다녔습니다.

오바마는 새로운 세상에 눈뜨기 시작했습니다. 그중에서 가장 먼저 부딪친 문제는 인종차별이었습니다.

피부색이 다른 것 때문에 어려서부터 고민을 많이 하기는 했지만 하와이는 비교적 인종차별이 심하지 않았기 때문에 오바마는 자라나면서 인종문제 자체에 대해 그다지 심각하게 고민하지 않았습니다. 그는 말하고 싶은 대로 말하고, 원하는 장소에서 먹고, 그 누구의 눈치도 보지 않고, 얼마든지 버스의 맨 앞자리에 앉았습니다.

오바마의 친구 중에는 백인 아이들이 많았고, 농구부의 백인 친구들은 그를 무척 사랑했습니다. 오바마 역시 그 친구들을 사랑했고요. 그래서 그의 마음에는 아버지는 숯처럼 새까맣고 어머니는 우유처럼 새하얗다는 사실이 조금도 아프거나 불편하게 느껴지지 않았습니다.

그런데 레이는 달랐습니다. 그는 오바마에게 인종차별에 대한 여러 가지 불평을 늘어 놓았습니다. 오바마는 늘 투덜거리고 불만으로 가득 찬 레이에게 이렇게 말했습니다.

"그 고약한 검둥이 자세를 잠시 접어둘 수 없겠어?"

"자세? 자세라고? 자세가 아니라 그건 바로 네 이야기란 말이야."

레이는 불같이 화를 내면서 이렇게 말했습니다.

"너는 같은 농구부원인데 왜 다른 애들보다 시합에 뛰는 시간이 적다고 생각하니? 너보다 많이 뛰는 애들 가운데 적어도 두 명은 너보다 한 수 아래야 그건 너도 알아. 그러니까 네 이야기란 말이야."

"내가 농구 시합에서 많이 못 뛰는 것은 내가 백인 애들처럼 경기를 하지 않기 때문이야. 다른 애들은 감독이 원하는 경기 방식을 잘 따르지만, 난 잘 못하거든."

두 사람이 이렇게 말다툼을 하는 것은 같은 일이라도 그것을 보는 눈이 달랐기 때문입니다.

레이의 투덜거림은 다 일리가 있는 말이었습니다.

오바마는 자신도 인종차별에 부딪혔지만 알고도 일부러 피했습니다. 오바마는 이미 자신을 '검둥이'라고 놀렸던 녀석을 때려서 코피를 터트린 적이 있었습니다.

또 외할아버지 댁에 살 때, 무심코 어떤 할머니 뒤를 따라서

아파트 엘리베이터를 탄 적이 있었는데 아주 황당한 일을 겪기도 했습니다. 그 할머니는 오바마가 엘리베이터를 타자 짜증을 내며 경비원에게 달려가서 신고를 했습니다. 오바마가 자신을 해코지하기 위해서 뒤를 밟는다는 것이 이유였습니다. 할머니는 오바마가 그 아파트에 사는 사람이란 사실을 확인하고서도 끝까지 사과하지 않았습니다.

더 황당한 일은 테니스 경기장에서 벌어졌습니다. 오바마가 게시판에 붙은 일정표를 만지려고 하자 한 테니스 선수가 말했습니다.

"이봐, 숯검정이가 묻을지도 모르니까 만지지 마."

그런 일은 레이가 투덜거린 대로 오바마의 농구부에서도 일어났습니다.

뉴욕에서 온 농구부 코치가 즉석에서 팀을 흑인과 백인팀으로 만든 다음 시합을 시켰습니다. 경기가 끝난 후 코치는 백인 팀원들에게 말했습니다.

"깜둥이들한테 그렇게 많은 점수를 내줬다는 건 수치스러운 일이야."

가까운 거리에서 그 말을 듣게 된 오바마는 화가 나서 코치에게 항의했습니다.

"운동시합에서 정정당당하게 뛴 것을 왜 그런 식으로 표현합니까?"

그러자 그 코치는 차분하게 말했습니다.

"이 세상에는 흑인과 깜둥이가 있는데, 저 친구들은 깜둥이야."

그 말을 듣고 더욱 화가 난 오바마는 이렇게 외쳤습니다.

"이 세상에는 백인과 개만도 못한 당신 같은 작자들이 있다는 거지요!"

오바마는 자신이 그렇게 화를 냈다는 사실에 스스로 놀랐습니다.

그런 광경을 지켜 본 레이가 말했습니다.

"이게 바로 백인 녀석들의 태도야. 이제 알겠니?"

그 후 오바마는 레이와 '백인 녀석들'을 흉보는 자신의 모습을 발견하고 놀라곤 했습니다. 레이는 그런 오바마를 격려했습니다. 마치 백인을 향한 우리의 분노는 특정한 대상이 없다고 말하

는 듯했습니다.

하지만 오바마는 달랐습니다. 그는 아직 자신의 정체성이 무엇인지 알지 못했고 세상과 싸우고 싶지도 않았습니다.

그때마다 그의 머릿속에는 어머니의 미소가 떠올랐습니다.

오바마는 열두 살 이후, 어머니가 백인이라는 사실을 사람들에게 말하지 않았습니다. 흑인처럼 보이는 자신이 백인 어머니가 있다고 밝히면 어쩐지 백인에게 아부하는 것처럼 느껴졌기 때문입니다. 그래서 사람들은 혼혈이라는 사실을 알지 못했습니다.

오바마는 흑과 백 사이에서 두 세계를 넘나들며 유령처럼 살게 되지는 않을까 걱정하기 시작했습니다.

 # 몸 속에 흐르는 피

외할아버지의 친구 중에는 프랭크라는 시인이 있었습니다. 그는 포커나 브리지 게임을 함께하는 외할아버지의 다른 친구들과는 조금 달랐습니다.

프랭크는 와이키키의 허름한 구역에 있는 낡은 집에서 살았습니다. 그는 시카고에 살 때 유명한 흑인 작가 리처드 라이트, 흑인 시인 랭스턴 휴즈와 친구였습니다. 외할아버지는 언젠가 오바마에게 시집에 실린 프랭크의 시를 보여준 적이 있었습니다.

오바마는 늙은 시인 프랭크에게 마음이 이끌렸습니다.

그는 나이가 여든 살에 가까웠지만 아직도 손에서 책을 놓지 않고 있었고, 그가 하는 말은 모두 진실이 배어 있는 듯했습니다. 늙은 시인은 오바마에게 자기 집에는 책이 많으니 보고 싶은 책이 있으면 언제든지 보라고 했습니다.

어느 날 저녁, 오바마는 늙은 시인의 집을 방문했습니다.

실내에는 불이 켜져 있었고, 프랭크는 돋보기를 쓰고 무릎에 올려 놓은 시집을 읽고 있었습니다. 노인은 오바마를 반갑게 맞이했습니다.

"건강하시죠?"

오바마가 물었습니다.

"그래, 여긴 웬일이냐?"

"책을 빌리러 왔어요. 전에 책을 빌려 주신다고 하셨잖아요."

"오, 그래. 내가 책을 빌려 준다고 그랬지? 무슨 책이 필요하지?"

"어떤 책을 보는 것이 좋을까요?"

노인은 고개를 들어 한참 허공을 바라보더니 물었습니다.

"너, 무슨 고민이 있냐?"

오바마는 요즘 레이와 벌인 논쟁에 대해서 이야기했습니다.

"그렇구나. 그러면 랭스턴 휴즈의 시와 말콤 엑스의 자서전을 읽어보도록 해라."

이렇게 말한 뒤 한참이 지나서야 서재에서 두 권의 책을 꺼내 왔습니다.

미국 흑인해방운동의 지도자 말콤 엑스!

오바마는 그의 자서전을 읽으며 그를 존경하는 마음이 생겨났습니다. 책을 읽으면 읽을수록 말콤 엑스가 자신에게 말을 걸어 온다는 것을 느꼈습니다.

오바마는 '그래서 어른들이 책을 읽어야 한다고 그렇게 강조하는구나' 하는 생각을 하며 자신이 안고 있는 고민을 해결하기 위해 책에서 길을 찾기 시작했습니다.

리처드 라이트의 소설과 마틴 루터 킹 목사의 연설집을 읽고, 민권운동에 관한 책도 찾아서 읽었습니다. 그동안 텔레비전과 영화에만 빠져서 책 속에 그렇게 깊은 사색의 길이 있다는 것을 몰랐다는 것이 부끄러웠습니다.

오바마는 언젠가 어머니가 권해 준 《창조의 기원》을 읽었을 때를 떠올렸습니다. 그 책에는 성경에 나오는 창조 이야기와 사람이 태어난 나무 이야기, 불을 인간에게 선물한 프로메테우스 이야기, 힌두교 전설에서 지구를 떠받치는 거북 이야기 등이 실려 있었습니다.

그는 생각했습니다.

'전지전능한 신이라면 왜 뱀이 그토록 큰 죄를 짓게 두어서 세상에 슬픔이 생기도록 만들었을까? 왜 아버지는 돌아오지 않을까?'

오바마는 아버지가 하와이로 찾아왔을 때 거실에서 책을 읽던 아버지의 모습이 떠올랐습니다. 그때 오바마도 아버지 옆에서 책을 읽고 있었는데, 그 책이 무슨 책이었는지는 잘 떠오르지 않았지만, 책을 읽던 아버지의 모습만은 생생하게 생각났습니다.

그런 생각들이 아련하게 떠오르면서 그의 머릿속을 맴도는 말은 '흑인'이었습니다. 앞으로 어른이 되면 자신은 레이의 말처럼 검둥이로서 살아가야 합니다. 어머니가 백인이라고 해도 그의 앞에는 흑인으로서의 삶이 놓여 있을 뿐이었습니다.

말콤 엑스도 오바마처럼 흑백 혼혈이었습니다. 그는 자서전에서 자기 몸에 흐르는 폭력적인 하얀 피가 말끔하게 제거되었으면

좋겠다고 말했습니다. 그 말은 오바마에게 충격이었습니다.

　오바마는 만일 어머니와 외할아버지, 외할머니와 헤어진다면 '나는 누구를 위해서 이 세상을 살아야 할 것인가' 하고 고민하기 시작했습니다. 사람들이 흔히 말하는 정체성의 혼란이 찾아온 것입니다. 그러나 그는 흑인으로서의 열등감 같은 것은 결코 느끼지 않았습니다. 자신의 몸 속에 흐르는 어머니의 하얀 피는 결코 지울 수 없는 것이기 때문입니다.

 혼란스러운 마음

고등학교 마지막 학년이 시작되었습니다.

그 무렵 오바마는 공부에는 별로 관심이 없었습니다. 말콤 엑스를 읽고 감동을 받았던 기억은 어디로 간 것인지, 책도 읽지 않고 엉뚱한 친구들과 어울려 다니기에 바빴습니다. 그는 담배를 피우기 시작했고 술도 마셨습니다. 심지어 마약에도 손을 댔습니다.

오바마는 복잡한 문제를 생각하지 않고 아무것에도 신경 쓰지 않는 법을 배웠습니다.

그러던 어느 날 그는 자신의 지난날들을 떠올렸습니다. 그리고 지난 2년 동안 자신이 아무런 반성도 하지 않고 엉망진창 살

았다는 것을 깨달았습니다.

그 깨달음은 미키라는 친구 때문에 얻게 되었습니다. 그동안 오바마는 대마초라는 마약을 피우기는 했지만 중독성이 강한 것은 피하고 있었습니다. 그런데 미키가 오바마에게 자꾸 헤로인을 한번 해 보라고 끈질기게 권했습니다. 헤로인은 중독성이 아주 강한 마약이라서 생명을 위협할 수도 있었습니다. 그런데 미키는 눈 딱 감고 그냥 해 보면 할 수 있다고 말했습니다.

하지만 그렇게 말하는 미키는 마치 고장 난 자동차처럼 덜덜 떨고 있었습니다. 어쩌면 감기에 걸린 것일지도 모르지만 오바마가 보기에는 감기가 아니라 독한 마약 때문인 것 같았습니다. 미키는 얼굴이 일그러지기도 하고 땀을 삐질삐질 흘리기도 했습니다. 미키가 주사기를 꺼내는 순간 오바마는 자신이 얼마나 형편없는 녀석인지 충분히 알지만 자신이 가야 하는 마지막 목표가 이런 곳은 아니라고 생각했습니다. 그는 미키를 밀쳐버리고 집으로 돌아왔습니다.

오바마는 드디어 자신이 소속돼 있던 '애정결핍클럽'을 빠져나와야겠다고 결심했습니다. 애정결핍클럽의 아이들은 모두 문

제아들뿐이었습니다.

그때 우연찮게 좋지 않은 소식이 날아들었습니다.

친구인 파블로가 운전면허증 없이 운전을 하다가 경찰의 단속에 걸렸는데, 그때 경찰이 그의 자동차 트렁크까지 수색해서 마약을 찾아낸 것입니다. 일은 거기서 끝나지 않았습니다. 또 다른 친구인 브루스와 듀크도 마약단속반에 걸려서 정신병원으로 들어갔습니다.

친구들은 그들이 운이 나빠서라고 말하면서 낄낄댔지만 오바마는 그렇게 생각하지 않았습니다.

며칠 후, 어머니가 오바마가 있는 방에 불쑥 들어왔습니다.

"네 친구 파블로가 경찰에게 체포되었다는 이야기를 들었다. 그 애가 왜 붙잡혀 갔는지 말해줄 수 있겠니?"

오바마는 어머니가 안심하도록 우선 편안한 미소를 지었습니다. 그리고 어머니의 손을 꼭 잡고 말했습니다.

"엄마, 저를 믿지요? 나는 어리석은 행동을 절대로 하지 않았어요."

이런 태도는 보통 사람들에는 매우 효과적이었을 것입니다.

하지만 오바마의 어머니에게는 그것이 통하지 않았습니다. 어머니는 오바마의 눈을 뚫어져라 바라보더니 아주 엄한 목소리로 말했습니다.

"오바마, 넌 지금 너의 미래를 남의 일처럼 내팽개치고 있다는 것을 알고 있니?"

"그게 무슨 말이에요?"

"무슨 말인지는 네가 더 잘 알잖니? 네 친구 한 명이 마약을 가지고 있다가 체포되었어. 네 성적은 점점 떨어지고 있고, 게다가 너는 어느 대학에 갈지 결정도 못하고 있잖아."

"엄마, 내가 성적 불량으로 퇴학을 당한 것도 아니잖아요. 왜 그렇게 걱정을 하세요?"

그러면서 오바마는 아무 대학이든 다니면서 아르바이트로 학비를 벌겠다고 말했습니다. 하지만 어머니는 다시 엄한 목소리로 말했습니다.

"아무 대학이나 간다고? 너는 조금만 더 노력하면 미국에 있는 어떤 대학이든 갈 수 있는데, 지금 무슨 말을 하고 있는 거니? 너는 네 모습이 지금 어떻다고 생각하니? 엄마는 기가 막혀서 정말이지 말이 안 나올 지경이다."

"뭐라고요? 제 꼴이 어때서요?"

"지금 네 꼴이 감나무에서 감이 떨어지기를 기다리고 있는 게 으름뱅이 같단 말이다."

오바마는 어머니의 모습을 보았습니다. 그녀의 눈에는 노여움과 단호함 그리고 아들의 미래를 걱정하는 슬픔이 아로새겨져 있었습니다.

2장 성장의 고통

갑자기 오바마는 자신에 대한 어머니의 기대와 확신을 산산조각 내고 싶은 충동이 일었습니다. 자신을 상대로 한 어머니의 바람이 실패로 끝나고 말았음을 분명하게 보여주고 싶었지요. 그는 고함을 지르는 대신 실실 웃으며 말했습니다.

"게으름뱅이요? 그게 어때서요? 내가 인생에서 바라는 게 바로 그거예요."

그러자 어머니도 피식 웃으면서 덤덤하게 말했습니다.

"너는 지금 죄를 지었다는 불안함을 느끼고 있는 거야. 그런 생각은 어쩔 수가 없는 거지."

"제가 무슨 죄를 지었다는 거죠?"

그러나 이미 오바마의 목소리에는 힘이 없었습니다.

어머니가 짓궂은 표정으로 웃으며 이렇게 덧붙였습니다.

"건강한 정신을 갖고 있다면 죄를 지었다는 느낌을 갖는 것도 괜찮단다. 문화와 사회도 그런 느낌을 기초로 해서 발전하니까 말이야. 그 느낌을 두려워하지 마라."

오바마가 스스로 잘못했다고 느끼게 만드는 건 어머니의 교육 방식이었습니다. 어머니의 말에는 틀린 것이 없었으므로 아들은

그 말을 따를 수밖에 없었습니다.

    오바마는 어머니의 뜻에 따라 무사히 고등학교를 졸업하고 대학에 진학했습니다.

 나는 흑인이 아니야

1980년, 버락 오바마는 하와이를 떠나 로스앤젤레스의 남부에 있는 옥시덴탈 대학에 입학했습니다. 그 학교는 가로수가 줄지어 늘어서 있는, 아름다운 학교 건물을 자랑하는 곳이었습니다.

오바마는 여전히 고등학교 때의 감정들을 떨치지 못해 대학 생활에 관심이 별로 없었습니다. 그는 기숙사에서 생활했는데 학생들은 모두 친절했고 교수님들은 열정이 가득했습니다.

그 학교에는 흑인 학생들이 꽤 많아서 따로 동아리를 구성해 자유토론하는 시간을 갖기도 했습니다. 하와이에서 다른 친구들이 그랬던 것처럼 이 동아리 내에서도 똑같은 내용의 투덜거림과

불평이 쏟아져 나왔습니다.

기숙사 생활을 하는 학생 중에 조이스라는 여학생이 있었습니다. 조이스는 초록색 눈동자에 멋진 갈색 피부를 가진 미녀였습니다. 그래서 1학년 학생 중에 조이스를 좋아하지 않는 남학생은 거의 없었습니다.

어느 날 오바마는 조이스에게 '흑인학생회' 모임에 함께 나가지 않겠냐고 물었습니다. 그녀는 어이 없다는 듯한 눈으로 오바마를 바라보더니 이렇게 말했습니다.

"나는 흑인이 아니야. 난 여러 민족에 동시에 소속된 사람이야."

그러면서 그녀는 자기 혈통에 대해서 늘어놓았습니다.

"내 혈관 속에는 이탈리아 사람의 피가 흐르고 있어. 거기에 아프리카 사람의 피도 조금 흐르고, 프랑스 사람과 인디언의 피도 조금씩 흐르고 있지. 이렇게 여러 민족의 피가 섞였는데 내가 어떻게 하나를 선택할 수 있겠니?"

마지막 말에서 그녀의 목소리가 갈라지는 걸 느꼈습니다.

"그런데 중요한 것은 나더러 무엇인가를 선택하라고 하는 사

2장 성장의 고통

람들은 백인들이 아니란 것이야. 나에게 선택을 강요하는 사람들은 바로 너 같은 흑인들이거든."

그렇게 말한 조이스는 금방이라도 울음을 터트릴 것 같은 표정으로 달아났습니다.

오바마는 의욕을 잃고 학교를 걸어 다니며 생각에 잠겼습니다.

그들, 그들, 그들…… 조이스 같은 사람들에게는 그것이 문제였습니다. 그들은 자기들이 여러 민족의 피를 물려받았기 때문에 어느 하나에만 소속될 수 없다고 했는데 언뜻 생각해 보면 옳은 말처럼 들렸습니다. 하지만 조금만 더 생각해 보면 단지 흑인이고 싶지 않다고 하는 것 같았습니다.

대학 2학년 때 오바마는 레지나라는 이름의 여학생을 알게 되었습니다.

어느 날 두 사람은 커피를 마시고 이야기를 나누면서 오후 시간을 함께 보냈습니다. 그때 그녀는 시카고에서 보낸 어린 시절에 대해 이야기했습니다.

그녀는 시카고의 외곽 지역인 사우스 사이드에 살았는데, 홀

어머니 밑에서 자랐다고 말했습니다. 그들 가족이 사는 6층 건물은 겨울에는 따뜻한 기운이라고는 찾아볼 수 없었고, 여름이면 집안이 양철처럼 뜨거워져 사람들은 모두 호숫가로 가서 잠을 잤다고 했습니다.

레지나는 어머니가 억척같이 일을 해서 자식들을 키운 이야기를 해 주었고, 삼촌들과 사촌들 그리고 할아버지, 할머니가 함께 모여 북적이던 저녁 무렵에 사람들의 목소리가 한데 뒤섞여 거품처럼 웃음소리를 피워내던 풍경에 대해서도 이야기했습니다. 일요일에 교회에 다녀올 때는 술집과 당구장 앞을 지나는 것이 마치 죄를 짓는 것 같아 빠르게 지나쳤다는 이야기도 했습니다.

오바마는 그녀의 이야기를 들으면서 흑인들의 삶에 대해 어렴풋이 상상할 수 있었습니다. 그리고 어떤 그리움이 느껴졌습니다. 레지나의 이야기가 끝났을 때 오바마는 말했습니다.

"나는 네가 부럽다."

"왜? 뭐가 부러워?"

"모르겠어. 그냥 네가 가지고 있는 기억들이 따뜻하게 느껴져."

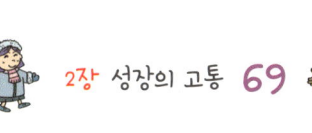

레지나는 오바마를 바라보면서 웃음을 터트렸습니다.

"뭐가 그렇게 우스워?"

오바마가 묻자, 그녀는 한참을 웃고 나서 이렇게 말했습니다.

"오바마, 인생이란 참 재미있는 것 같아. 사실 너하고 이야기하는 동안, 내가 하와이에서 자랐으면 얼마나 좋았을까 하고 생각했었단 말이야."

레지나의 말은 오바마의 마음을 바꾸어 놓았습니다. 사람들은 서로 자기가 가지고 있는 것을 작게 보고 남의 것을 크게 보는 경향이 있다는 것을 새삼 깨닫게 된 것이지요.

그날부터 오바마의 마음과 행동은 달라지기 시작했습니다. 그의 가슴속에는 다시 따뜻한 기운이 감돌기 시작했고 이렇게 바보처럼 살아서는 안 된다는 기분 또한 들었습니다.

오바마는 단 한 번의 대화가 사람을 바꿔 놓을 수도 있다는 사실이 참으로 신기하게 여겨졌지만 그것이 자신을 위해 좋은 일이라는 것을 느낄 수 있었습니다.

 ## 최초의 연설

　그 무렵 학교에서는 학생들이 남아프리카공화국의 인종차별을 반대하는 집회를 열고 있었습니다. 학생들은 남아프리카공화국의 인종차별에 항의해 미국 기업들이 남아프리카공화국에서 물러날 것을 주장하며 '투자철회운동'을 벌였습니다.

　오바마는 비로소 흑인의 문제는 자신만의 이야기가 아니라는 것을 깨닫기 시작했습니다.

　오바마는 친구들을 따라 남아프리카공화국의 아파르트헤이트(흑백 인종 분리정책)를 반대하는 집회에 참여하기 시작했습니다. 처음에는 큰 의미를 두지 않고 그저 참여만 했는데, 여러 달이 지

나면서 그에게도 점차 많은 일이 맡겨졌습니다.

　위원회에 보낼 편지를 쓰고, 팸플릿을 인쇄하고, 전략과 전술을 세우기 위해 토론하는 일 등 오바마는 자신에게 맡겨진 일을 열심히 해 나갔습니다.

　그러던 중 오바마는 처음으로 대중 앞에서 연설을 하게 되었습니다.

　오바마는 마이크를 잡았고 연설을 시작했습니다.

　"누군가 투쟁하고 있습니다."

　그의 말소리는 앞에 앉은 사람들에게밖에 들리지 않는 것 같았습니다. 그가 말하자 몇몇 사람들만 그를 바라볼 뿐이었습니다. 그는 사람들이 조용해질 때까지 기다렸다가 다시 똑같은 말을 한 번 더 했습니다.

　"누군가 투쟁하고 있습니다!"

　그제서야 사람들이 자신의 목소리에 귀를 기울이고 있다는 사실을 느낄 수 있었습니다.

　"이 투쟁은 바다 건너에서 일어나고 있습니다. 하지만 여기 있는 우리 모두의 투쟁이기도 합니다. 그 투쟁은 우리가 그것을

원하든 원하지 않든 우리에게 누구 편을 들 것인지 선택하라고 요구합니다. 우리가 선택해야 할 것은 흑인편이냐 백인편이냐가 아닙니다. 부자의 편이냐 가난한 사람의 편이냐가 아닙니다. 이런 게 아닙니다. 훨씬 더 어려운 선택입니다. 스스로를 지키느냐 남에게 복종하느냐 하는 것입니다. 정의냐 불의냐입니다. 옳은 편에 설 것인가 아니면 부당한 편에 설 것인가입니다!"

오바마는 말을 멈추었습니다. 사람들은 모두 그를 바라보고 있었습니다. 누군가 박수를 쳤습니다.

"계속해, 오바마!"

또 누군가가 외쳤습니다.

"계속해라!"

그러자 다른 사람들도 박수를 치며 격려했습니다.

그 순간 오바마의 연설은 다시 청중을 장악했고, 그들과 오바마 사이에는 어떤 끈으로 연결되기 시작했습니다. 그의 연설이 끝나자 모두들 일어서서 박수를 쳤습니다.

그날 밤 파티에서 레지나가 다가와서 말했습니다.

"축하해!"

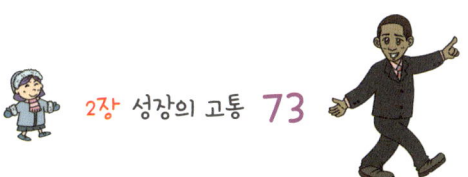

"뭘 축하한다는 거지?"

오바마가 머쓱해서 물었습니다.

"너의 그 멋진 연설을 축하해야지."

"짧은 인사 정도였는데, 뭘."

하지만 레지나는 진지한 표정으로 말했습니다.

"아니야, 너의 연설 덕분에 오늘 모임이 살았어. 넌 정말 진심에서 우러나온 열정적인 연설을 했어."

레지나의 칭찬은 그를 기쁘게 했습니다.

그때 오바마는 태어나서 처음으로 쓸모 있는 사람이 되고 싶다고 생각했습니다.

오바마는 자신이 그런 생각을 하게 된 것이 이상하게 여겨졌습니다. 그는 대학 생활 2년 동안 한 번도 어떤 인생을 살고 싶다는 생각을 한 적이 없었습니다.

심지어 어디서 무엇을 하며 살아야겠다는 생각도 없었어요. 하와이가 고향이기는 하지만 그곳에서 살 생각은 전혀 없었습니다. 그렇다고 아버지가 살고 있는 아프리카를 고향이라고 주장하기에

는 이상했습니다. 그는 자신이 단지 미국에 살고 있는 흑인일 뿐 자신이 속한 공동체는 없다고 생각하고 있었습니다.

그는 자신에게 필요한 것이 바로 공동체라고 생각했어요. 농구 코트에서 친구들과 나누던 우정보다 더 깊은 것을 나눌 수 있는 공동체 말입니다. 자신의 모든 것을 바쳐서 삶을 실천할 수 있는 그런 공간이 필요했던 것이지요.

오바마는 컬럼비아 대학에 교환학생으로 갈 사람을 뽑는다는 소식을 듣자마자 곧바로 신청했고 얼마 지나지 않아 그곳으로부터 편입 허락을 받을 수 있었습니다. 오바마는 컬럼비아 대학에서 정치학과 외교학을 공부했습니다. 컬럼비아 대학은 아이비리그(동부의 8개 명문 사립대)에 속하는 학교여서 웬만큼 공부를 해서는 입학조차 하기 어려운 곳입니다.

쓸모 있는 사람이 되고 싶다고 결심한 그 순간부터 오바마는 마약은 물론 술, 담배도 끊고 정말 열심히 공부하기 시작했습니다.

훗날 오바마는 이 시절을 '수도승처럼 공부한 때'라고 회상하곤 합니다.

말콤 엑스와 마틴 루터 킹

말콤 엑스

그는 마틴 루터 킹과 함께 미국 흑인해방운동을 상징하는 인물입니다. 그는 미국의 급진파 흑인해방운동가로 본명은 맬컴 리틀(Malcolm Little)입니다. 네브래스카 주 오마하 출생으로 흑인 이슬람권의 지도자였으나, 이 파의 목표나 정치·시민 운동의 부정 등에 불만을 갖고 1963년에 이 파를 떠나 직접적 행동방식을 택하는 흑인 민족주의 운동으로 나섰습니다. 종교와는 무관한 폭넓은 기반 위에서, 여러 공민권운동(백인과의 동등한 권리를 요구하던 미국의 흑인 운동)과도 일정한 관계를 갖는 아프리카계 미국흑인통일기구를 설립했으나, 1965년 2월 21일 뉴욕에서 열린 인종차별 철폐를 주장하는 집회에서 연설 중 암살을 당했습니다.

'흑은 흑이고 백은 백'이라는 신념 아래 흑인과 백인 사이의 통합을 부정하며 백인 사회에서 독립한 흑인만의 사회를 건설한다는 것이 궁극적 지향점이었습니다.

이렇게 과격한 모습으로 주장을 펼치긴 했지만 미국 내의 흑인들이 "검은 것이 아름답다"는 자의식을 얻게 된 것은 주로 말콤 엑스 덕분이었습니다. 그는 급진적이었고 사회에서 크게 환영받지 못했던 인물이지만 흑인 역사에 있어서 빼놓을 수 없는 지도자 중 한 명이라고 할 수 있습니다.

마틴 루터 킹 주니어

제2차 세계대전 후 미국에서 흑인해방운동의 지도자로 활동했던 그는 조지아 주 애틀랜타에서 출생했습니다. 침례교회 목사의 장남으로 태어나 비폭력 저항과 인종차별 철폐 및 식민지 해방과 사해동포론 등을 주장한 간디의 사상에 깊은 영향을 받았답니다. 이어 보스턴 대학 대학원에서 철학박사 학위를 받았고 1954년 앨라배마 주 몽고메리의 침례목사가 되었습니다. 목사님으로 재직한 지 2년째인 1955년 12월, 시내버스의 흑인 차별대우에 반대하여 5만 명의 흑인 시민이 벌인 '몽고메리 버스 보이콧 투쟁'을 주도해서 1년 후인 1956년 12월에 승리를 거뒀습니다.

그는 1964년 10월 14일 미국 내의 인종 편견을 끝내기 위한 비폭력 저항 운동으로 노벨평화상까지 받게 됩니다. 그 후 베트남 전쟁 반대 운동에도 목소리를 냈지만 베트남 전쟁이 장기화된 시기인 1968년 4월 4일 테네시 주 멤피스의 한 모텔 발코니에서 암살을 당했습니다.

그의 업적으로는 미 연방 대법원으로부터 차별법 폐지에 대해 위헌 판결을 받은 것과 미국 내에서의 인권운동을 가열시킨 것을 들 수 있습니다. 그리고 오바마가 롤 모델로 따르고자 하는 그의 명연설 "나는 꿈이 있습니다"는 존 F. 케네디 대통령의 취임 연설과 함께 20세기 미국을 대표하는 명연설로 유명합니다.

3장

꿈을 주는 사람이 되자

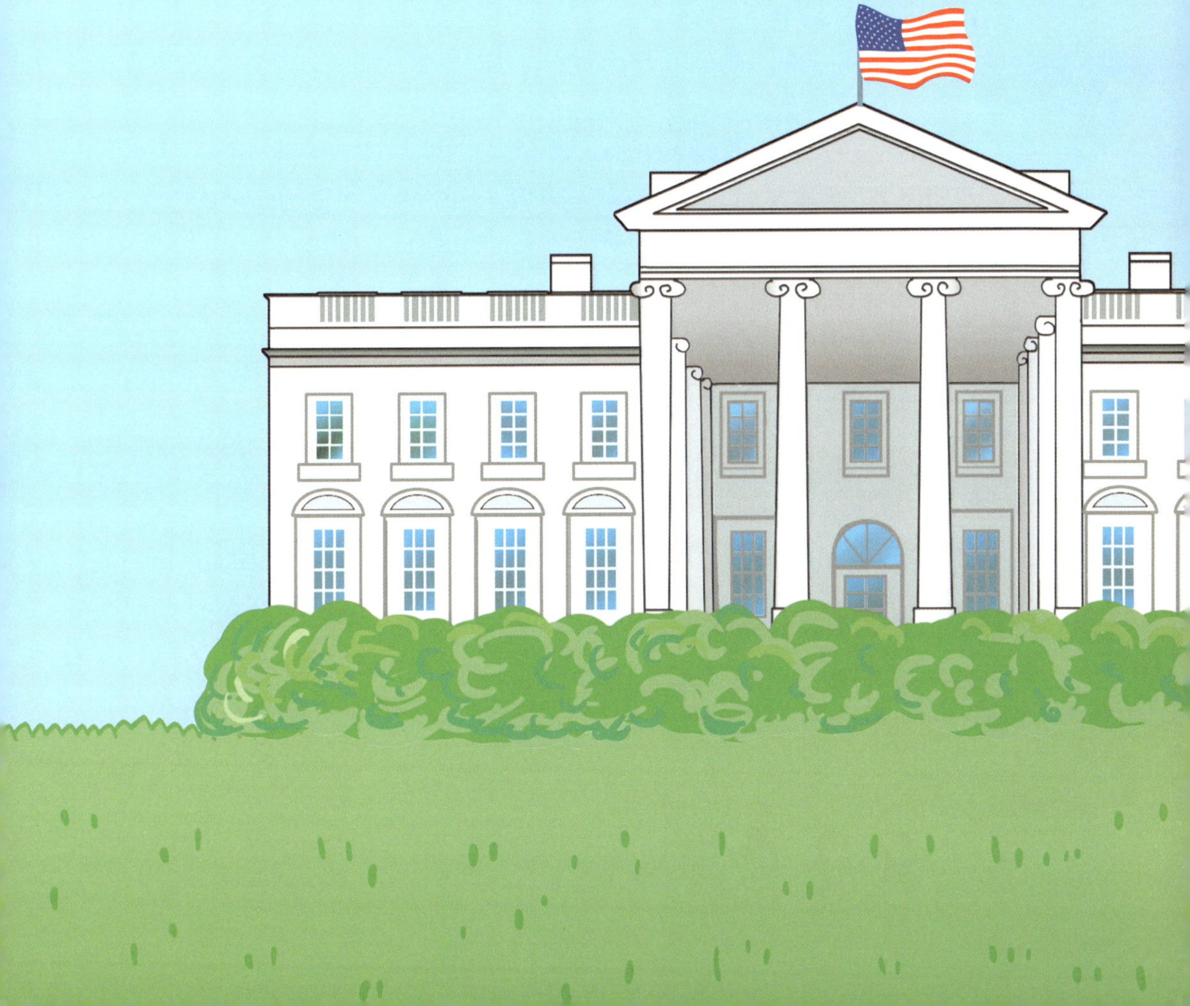

공동체 조직가의 꿈

1983년, 오바마는 컬럼비아 대학을 졸업했습니다.

오바마는 졸업을 앞두고 '흑인 중심의 풀뿌리 조직을 만들어 세상을 바꾸겠다'고 마음먹고 민권운동단체 등에 편지를 보냈습니다. 그러나 어떤 단체에서도 응답이 없었습니다.

오바마는 하는 수 없이 빌린 학자금을 갚기 위해 '비즈니스 인터내셔널'이라는 컨설팅 회사에 취직했습니다. 그리하여 날마다 말쑥한 정장 차림에 넥타이를 매고 맨해튼에 있는 사무실에 출근을 하게 되었습니다. 그곳에서 그는 곧 능력을 인정받아 자신만의 비서를 둔 고액 연봉자가 되었습니다. 주위 사람들은 그

가 머지않아 경영진의 일원으로 승진할 것이라고 기대했답니다. 그는 세계의 심장부인 뉴욕에서 주류 사회를 접하고 인생의 전환점을 맞이했습니다.

그러던 어느 날 오바마는 자신이 누구인가를 알려주는 전화를 한 통 받게 됩니다. 케냐에 있는 이복동생 아우마였습니다. 얼마 전에 그녀는 미국으로 오겠다고 했었는데, 갑자기 전화로 슬픈 소식을 전했습니다.

"데이비드가 오토바이 사고로 죽었어. 왜 우리 집에는 슬픈 일만 생기지?"

데이비드도 오바마의 이복동생입니다. 오바마는 아우마를 달래려고 애썼으나 그녀는 계속 울기만 했습니다. 전화를 끊고 나서 오바마는 뉴욕 거리를 몇 시간이고 걸었습니다.

'지구 저편에서 나와 피를 나눈 누군가가 죽었는데 나는 아무 일도 해줄 수 없고 눈물 한 방울조차 흘리지 않고 있구나.'

오바마는 지금 자신이 하고 있는 일을 정리하고 보다 의미 있는 일을 해야겠다고 결심했습니다.

몇 달 후 오바마는 회사를 그만두고 시카고에서 빈민 지역을

돕기 위해 일하는 단체를 찾아갔습니다. 아이비리그 졸업생에게 걸맞지 않은, 적은 월급의 일자리였지만 오바마는 그 일이 바로 자신이 해야 할 일이라고 생각했기 때문에 망설임 없이 결정할 수 있었습니다. 친구들이 좋은 직장을 버리고 무슨 일을 하는 것이냐고 물었을 때 오바마는 제대로 대답하지 못했습니다. 다만 "변화가 필요하다. 변화는 위에서 오는 게 아니라 움직이는 풀뿌리가 만든다"고 말했습니다.

그는 자신이 속한 공동체는 어디에도 없다고 생각했기에 단지 자신이 속할 수 있는 공동체를 찾고자 했습니다. 그리고 그것은 아래에서 움직이는 풀뿌리가 만든다고 어렴풋이 생각했습니다.

오바마가 일하게 된 곳은 가난한 흑인들이 모여 사는 시카고의 '사우스 사이드' 지역이었습니다. 그곳은 우연히도 옥시덴탈 대학에서 함께 공부하던 레지나가 자란 곳이기도 합니다.

오바마는 그곳에서 주민들의 주거·교육환경 개선 등을 위해 열정적으로 일하기 시작했습니다. 하지만 처음에 그곳 주민들은 오바마의 마음도 모른 채 그가 주는 도움을 냉정하게 뿌리쳤습니

다. 특히 오바마가 시카고 토박이가 아닌 아이비리그 출신이라는 사실을 알게 되자 안 좋은 선입견을 갖는 사람들도 많았습니다. 교회 지도자들조차 아무런 연고 없이 흘러들어 온 사람을 환영하지 않는 분위기였습니다.

처음부터 모든 일이 순조롭게 진행된 것은 아니었지만 하나씩, 하나씩 작은 성공들을 거두면서 오바마는 보람을 느꼈습니다.

시카고 흑인 공동체 안에는 오바마가 뿌리내리고 싶어 하는 곳이 또 하나 있는데 그곳은 바로 교회였습니다. 오바마는 여러 교회를 다니면서 목사들을 만나보았습니다. 그는 자기 집처럼 편하게 드나들 수 있는 교회를 찾아 공동체의 뿌리를 내리고 싶었습니다. 그가 시카고라는 낯선 땅으로 건너간 이유는 그런 공동체에 대한 동경과 갈망 때문이었습니다.

그가 다니기 시작한 곳은 트리니티 교회였는데 이 교회는 시카고의 흑인 엘리트들도 많이 있었고 사회사업도 많이 하는 곳으로 유명했지요.

이 교회의 담임목사인 제레비 라이트는 아주 멋진 설교를 하고 공부도 많이 한 분으로 교인들 사이에서 인기가 아주 많았습

니다.

　라이트 목사는 연설 중에도 "흰 피부가 검은 피부보다 우월하다는 생각은 잘못된 것"이라는 등 전투적인 설교로 유명했습니다. 시카고의 흑인 엘리트들은 그의 설교가 자신들의 마음을 대신 이야기해 주는 것 같아 속이 후련해했습니다.

　오바마는 그곳에서 3년 이상 활동했는데도 기대한 것에 못 미치는 변화에 아쉬움을 느꼈습니다. 그렇다고 그가 얻은 것이 아주 없는 것은 아닙니다. 그곳에서 활동하는 동안 이치에 맞지 않는 사회 구조를 바라보는 그의 눈은 더없이 성숙해졌고, 흑인으로서의 열등감도 완전히 사라졌습니다.

오바마는 자신의 힘을 더 길러 꿈을 자신 있게 이루겠다는 희망을 품고 하버드 대학 로스쿨(법학 대학원)에 진학하기로 결심했습니다.

하버드로 공부하러 떠나기 전 트리니티 교회에서는 오바마를 사랑하는 주민들과 교인들이 오바마의 성공을 기원하며 축복의 기도와 노래를 소리 높이 불러주었습니다.

# 하버드로 가다

오바마는 하버드 대학으로 가기 전에 그토록 그리던 아버지의 나라 케냐를 다녀오기로 마음먹었습니다.

열 살 때 처음이자 마지막으로 아버지를 보고 그동안 편지만 몇 번 주고받다가 홀연히 돌아가셨다는 소식만 전해 들은 슬픔이 가슴에 응어리로 남아 있었기 때문입니다. 그 아버지의 나라에 도착했을 때, 오바마는 반가운 기분도 들고 아련한 기분도 들었습니다. 오바마에게 아프리카는 고대의 전통과 고귀한 투쟁이 살아 숨 쉬는 약속의 땅이었습니다.

아버지는 하버드 대학에서 경제학 박사학위를 받고 케냐로 돌

아왔고, 영국으로부터 독립한 케냐에서 두 번이나 장관을 지내면서 새 조국 건설에 앞장섰고 그만큼 부와 명예도 누렸습니다.

그러나 1960년대 말 케냐는 최대 부족인 키쿠유족과 제2의 부족인 루오족의 갈등으로 심각한 위기에 휩싸였습니다. 루오족 출신인 아버지 버락 오바마는 같은 루오족 출신인 부통령 라일라 오딩가와 함께 저항운동을 이끌었습니다.

아버지는 케냐의 정치가들이 독립을 위해 싸운 사람들을 제대로 대우하지 않고 제국주의자들이 두고 간 재산을 차지하는 데에

 3장 꿈을 주는 사람이 되자 87

만 매달리고 있다고 비난했습니다. 정부는 그런 아버지를 공직에서 그만두게 하는 등 거세게 탄압했습니다.

　자신의 꿈을 펼치지 못하게 되자 술로 슬픈 마음을 달래던 아버지는 안타깝게도 1982년 교통사고로 사망했습니다.

　오바마는 묘비도 없는 아버지의 무덤에서 쓸쓸히 눈물을 흘리며 처음으로 아버지를 이해할 수 있었어요. 그리고 그는 아버지가 자신에게 주고자 했던 것이 무엇이었는지 비로소 알게 되었습니다. 그는 아버지처럼 침묵하지 않는 삶을 살겠노라고 굳게 마음먹고 케냐를 떠났습니다.

　아버지의 땅, 케냐에서 자신의 뿌리를 확인한 오바마는 '빈곤과 같은 구조적 문제를 해결하려면 우선 정치와 권력에 대해 알아야 한다'고 생각했습니다.

　1988년 9월 오바마는 학자금을 빌려 하버드 대학 로스쿨에 들어갔습니다. 그는 그곳에 다니면서 자신의 꿈을 이루기 위해 정치의 길로 들어서는 것이 좋겠다고 생각했습니다.

　당시 하버드 로스쿨의 분위기는 앞서 나가자는 진보파와 그대

로 지키자는 보수파로 완전히 나뉘어 있었습니다. 그들은 많은 토론을 거쳐서 현실의 문제를 해결해 나갔고, 오바마도 진보파에 서서 이 토론에 열심히 참여했습니다. 당시 하버드 로스쿨의 보수파는 진보파에 비해 학생 수가 크게 적었는데, 오바마는 진보파이면서도 보수적 성향의 학생들과도 잘 어울렸습니다. 특히 오바마는 두 집단 사이에서 어떤 논쟁이 격화되면 조정자 역할을 해서 어려운 문제를 풀어나가는 능력이 뛰어났습니다. 그래서 오바마는 학교 내에서 모르는 사람이 없는 유명인사가 되었고 많은 사람들에게 존경을 받았습니다.

많은 사람들이 오바마를 로스쿨의 학생회장으로 추천했고 그는 하버드 대학이 탄생한 지 104년 만에 탄생한 첫 흑인 학생회장이 되었습니다. 학생회장은 권위 있는 법률 학술지 〈하버드 로 리뷰(Harvard Law Review)〉의 편집장도 맡았는데 그것은 엄청난 명예와 권위를 가져다주는 자리였습니다.

흑인 학생이 처음으로 〈하버드 로 리뷰〉의 편집장이 됐다는 사실은 전국 방방곡곡으로 퍼졌습니다. 오바마는 〈뉴욕 타임스〉와의 인터뷰에서 "나의 선출은 미국의 진보를 뜻한다"고 말했습

니다. 그것은 훗날 최초의 흑인 대통령이 될 것을 예상하고 한 말인지도 모르겠습니다.

하버드 대학에서 공부를 하는 사이에도 오바마는 시카고와의 인연을 끊지 않았습니다.

그는 여름방학 때, 시카고의 로펌(법률회사)에서 인턴으로 일했는데 거기서 사우스 사이드 토박이인 미셸 로빈슨이란 아가씨를 만나게 됩니다. 미셸은 프린스턴 대학과 하버드 로스쿨을 나온, 재주가 뛰어나고 총명하며 밝은 성격을 가진 무척 아름다운 여자였습니다. 나이는 오바마보다 세 살이 아래지만 하버드 로스쿨의 선배였습니다.

오바마는 미셸에게 법률 실무를 배우면서 그녀에게 호감을 느꼈습니다.

"저, 선배님. 이런 딱딱한 공부는 멋진 커피숍에서 하는 것이 어떨까요?"

오바마가 약간 장난기 어린 표정으로 말했습니다.

"지금 데이트 신청을 하는 건가요?"

"그렇다고 볼 수도 있지요."

"그런데 나는 오바마란 이름이 이상해서 커피 맛이 날 것 같지 않네요."

미셸이 데이트 신청을 거절하자 오바마는 자존심이 상했습니다. 하지만 그는 다음날도 그녀에게 그런 식으로 데이트 신청을 했습니다.

그러자 미셸은 이번에는 선선히 승낙을 했고 두 사람은 금세 가까운 사이가 되어 사귀기 시작했습니다.

하버드 로스쿨을 졸업한 오바마는 좋은 일자리도 거절하고 다시 시카고로 돌아갔습니다. 그 이유는 지역 공동체의 일을 계속하면서, 사랑하는 미셸과 결혼하기 위해서였지요. 두 사람은 트리니티 교회에서 제레미 라이트 목사의 주례로 결혼식을 올렸습니다. 사우스 사이드의 모든 주민들이 두 사람의 결혼을 축하했습니다.

그들은 사우스 사이드의 토박이인 미셸과 사우스 사이드를 위해 누구보다 열심히 일한 버락 오바마가 결혼하게 된 것이야 말로 신의 축복이라며 기뻐했습니다.

정치 세계로의 첫발

　버락 오바마는 공동체 운동을 하면서 순수한 공동체 조직의 힘만으로는 세상을 바꾸는 데 한계가 있다는 걸 실감했습니다. 그래서 하버드 로스쿨을 나오고 자신의 꿈을 펼칠 수 있는 정치를 하기 위한 모든 준비를 마치고 기다리고 있었습니다. 기회는 그에게 우연찮게 다가왔습니다.

　1995년 일리노이의 주 상원의원이었던 엘리스 파머가 오바마를 불러서 말했습니다.

　"오바마, 나는 연방 상원의원에 출마하려고 하네. 자네가 주 상원의원 자리를 맡아주게."

오바마는 그 기회를 놓치지 않고 흔쾌히 승낙했습니다. 그는 미리 생각했던 참모진을 불러 모으고 선거에 대비했습니다.

그런데 승리를 자신했던 파머는 민주당 선거에서 의외로 제시 잭슨 목사의 아들에게 패배했습니다. 그러자 파머는 주 상원의원이라도 다시 해야겠다고 오바마에게 출마를 포기해 달라고 요구하고 나섰습니다.

모든 준비를 끝내고 승리를 꿈꾸고 있었던 오바마는 황당했습니다.

파머는 시카고 시민운동계의 거물이 포함된 사절단을 오바마에게 보내 출마 포기를 요구했습니다.

사절단의 대표가 말했습니다.

"기회는 다시 올 걸세. 이번에는 파머에게 양보하게. 출마를 권한 사람도 파머 아닌가?"

그러나 오바마는 진지한 표정을 지으며 말했습니다.

"제 답은 '노(No)'입니다. 정치란 믿음이 있어야 합니다. 선거 자금을 모으고 사무실을 열고 운동원을 뽑고 이름을 알려 왔는데 이제 와서 자기 편한 대로 물러나라니 말이 안 되지요. 이제 와서

물러나는 건 있을 수도, 할 수도 없는 일입니다."

오바마는 파머의 요구에 정면으로 거부 의사를 밝혔습니다.

그 결과 오바마는 첫 번째 선거를 이겼습니다. 처음 나선 정치 무대에서 승리를 거머쥐고 주 상원의원에 당선된 것입니다.

오바마를 낭만적이고 이상적인 정치 슬로건(구호)만 내세우는 정치 신인으로 알았던 사람들은 이 일을 통해 그에게서 부드러움 속에 감추어진 강철 주먹을 느꼈다고 합니다.

오바마는 우선 저소득층 노동자들의 세금을 줄이고 복지 향상에 힘을 썼습니다. 그는 1998년 선거에서도 승리해서 다시 주 상원의원에 선출되었습니다.

2000년, 이제 오바마는 연방 하원의원에도 도전장을 내밀었습니다.

미국에는 각 주마다 주를 대표하는 상·하원의원을 뽑고 또 나라 전체를 대표하는 연방 상·하원의원을 뽑고 있는데, 오바마는 지금 연방 하원의원에 도전하고 있는 것입니다. 우리나라로 치면 시의원이나 구의원이 아닌 국회의원이 되는 것을 말합니다.

이번에 맞붙은 상대는 실력이 막강했습니다. 시카고 흑인 공동체에서 잔뼈가 굵은 민주당의 4선 의원(국회의원에 4번 당선된 사람)인 바비 러시였습니다.

러시는 1965년부터 결성된 미국의 급진적 흑인 결사단체인 '블랙 펜서' 출신으로 '거리의 남자'란 별명을 가진 인물입니다. 그는 정치인이 된 이후에도 과거의 강인한 이미지를 바탕으로 흑인 공동체의 지지를 받고 있었습니다.

러시 진영에서는 우선 텃세부터 부리기 시작했습니다.

"오바마는 충분히 검지 않다!"

대부분의 미국 흑인들과는 달리 노예의 후손이 아니라 케냐 출신의 아버지와 백인 어머니 사이에서 태어나서, 백인 엘리트들의 본거지인 하버드 법대를 나온 오바마는 '진짜 흑인'이 아니라는 것이었습니다.

그들은 또 하버드 대학을 나와 말솜씨까지 뛰어난 오바마가 어떻게 흑인들의 고통을 아느냐고 주장했습니다. 그들은 오바마를 엘리트주의자로 몰아붙이며 흑인 운동에 얼마나 헌신했냐고 몰아세웠고, 경험이 부족하다며 문제 삼았습니다.

충분히 검지 않다는 비난은 늘 오바마를 따라다녔는데 그는 그 공격 자체보다 그것이 유권자들에게 잘 먹혀든다는 사실에 경악했습니다.

주간지 〈시카고 리더〉는 오바마를 '검은 얼굴을 한 백인'으로 묘사했습니다.

러시를 지지하는 흑인 민족주의자들이나 흑인 공동체 관계자들은 오바마가 백인과 유대인의 앞잡이라고 욕을 하기도 했습니다. 그러자 유권자(투표를 할 수 있는 사람)들은 의혹의 눈으로 오바마를 바라보았고 오바마는 사람들의 이런 생각과 힘들게 싸워야 했습니다.

그리고 오바마는 마침내 결정적인 고비를 맞게 되었습니다. 민주당 선거를 일주일 앞두고 당시 대통령인 빌 클린턴이 러시를 응원하는 찬조 연설을 보낸 것입니다. 결국 오바마는 러시가 얻은 표의 반도 안 되는 표를 얻었고 선거에서 패했습니다. 나중에 빌 클린턴 전 대통령은 2012년 대통령 선거를 앞두고 오바마 대통령을 지지하는 연설을 해주는 인연이 되었지만 말이죠.

어쨌든 오바마로서는 난생처음 겪은 패배였습니다. 이 패배는

쓰라린 것이었지만 이런 경험을 통해 배운 것도 많았습니다. 오바마는 자기가 지지를 호소해야 할 대상은 민족주의 성향을 가진 흑인 노동자 계층이 아니라 진보적인 백인과 진보적인 흑인이라는 것을 깨달았고 정치에 대해 보다 넓은 눈을 갖게 되었습니다.

# 스타 탄생

하룻밤 자고 나니 스타가 되어 있더란 말이 있습니다. 오바마야말로 그런 사람입니다.

2004년 7월 존 케리를 대선 후보로 지명한 미국 민주당 전당대회는 오바마를 스타로 만들기 위해 준비된 무대였습니다.

전당대회가 있기 한 달 전, 오바마의 사무실에 한 통의 전화가 걸려왔습니다. 전화를 건 사람은 케리 후보의 보좌관이었는데 그는 오바마를 급하게 찾았습니다.

"전당대회에서 청중을 사로잡을 만한 연사를 찾다 보니 오바마 의원이 적임자일 것 같아 부탁을 드립니다."

그 전화를 받은 오바마는 놀랍고 기뻤습니다. 처음에는 그저 초청만 하는 것인 줄 알았는데, 기조 연설을 해 달라는 부탁이어서 더욱 놀랐습니다. 기조 연설은 당을 대표하는 입장에서 국민에게 기본 목적과 방향에 대해 직접 말하는 것이기 때문에 매우 중요한 연설입니다. 놀라기는 주변 사람들도 마찬가지였습니다. 이것은 오바마가 정치적으로 발전하는 기회가 되었습니다.

"무슨 말씀을 하실 겁니까?"

그때나 지금이나 오바마의 수석 전략가로 일하고 있는 데이비드 액셀로드가 물었습니다.

"내가 하고 싶은 얘기는 정해져 있어요. 미국에서 태어났기 때문에 가능했던 내 인생 이야기를 할 겁니다."

오바마가 명쾌하게 대답했습니다.

드디어 전당대회 날이 왔습니다.

오바마는 대회장을 가득 매운 청중들과 정신없이 돌아가는 방송사의 카메라를 바라보며 약간 긴장이 되어 앉아 있었습니다. 그때 아내 미셸이 오바마를 꼭 안아 주며 말했습니다.

"오바마, 너무 긴장하지 말아요. 당신은 잘할 수 있어요!"

이윽고 오바마는 연단으로 뛰어올라갔습니다. 망치기는커녕, 새로운 스타 탄생을 전 세계에 알렸습니다.

"이 자리에 서게 되어 영광입니다. 이건 아주 놀라운 일입니다. 내 아버지는 케냐의 작은 마을에서 나고 자란 뒤 하와이로 유학 온 학생이었습니다. 어머니는 지구 반대편인 미국 캔자스에서 태어났습니다."

자신의 이야기부터 시작한 오바마의 연설은 청중을 완전히 사로잡았으며 아주 멋진 말로 연설을 마무리했습니다.

"저는 이렇게 말하고 싶습니다. 진보적인 미국, 보수적인 미국은 없습니다. 그저 미국만 있을 뿐입니다. 흑인의 미국, 백인의 미국, 라틴계의 미국, 아시아계의 미국이 아니라 미국입니다. 역경 속에서도 희망을 잃지 맙시다. 불안 속에서도 담대한 희망을 가집시다. 우리 모두는 성조기에 충성을 맹세하고 미국을 지키는 미국인입니다."

오바마 연설의 요점은 '미국인은 모두 하나'라는 것이었습니다.

연설이 끝나자 감동에 젖은 사람들이 모두 일어나서 박수를 쳤습니다. 모두들 오바마의 힘이 넘치는 목소리와 뛰어난 말솜

3장 꿈을 주는 사람이 되자 101

씨, 대중을 휘어잡는 카리스마에 반했습니다. 오바마는 당 대회 연설 중에서 가장 감동적인 연설로 전 미국인의 마음을 사로잡았습니다. 모두들 혜성 같이 나타난 이 사람에 대해서 아는 것이 없었기 때문에 그때부터 그가 누구인지 확인하느라고 야단들이었습니다.

연단 뒤에서 남편의 감동적인 연설을 듣던 미셸의 얼굴에는 눈물이 번졌습니다. 그 눈물은 곧 다른 청중들에게도 널리 퍼져 나갔습니다.

정치평론가들과 기자들은 오바마를 새로운 눈으로 보기 시작했습니다. 방송에서도 여러 가지 이야기가 흘러 나왔습니다.

"미국 최초의 흑인 대통령 감이다."

"이건 역사적인 사건이다!"

그날 전당대회의 주인공은 존 케리가 아니라 오바마였습니다.

2004년 7월 민주당 전당대회에서 새로운 스타가 탄생한 것입니다.

백악관과 청와대

 백악관은 미국의 대통령이 거주하며 업무도 보는 건물을 말합니다. 상징적으로 백악관이라고 하면 미국의 모든 정치가 이루어지는 중심을 말합니다.

 이전에는 대통령 관저라고 불렀는데 1809년부터 백악관이란 명칭이 붙었습니다. 건물 외벽이 흰색 사암으로 만들어져 있어서 이런 이름이 붙었답니다.

 백악관을 포함한 주위 부지는 모두 7만 2000평방미터입니다. 백악관은 존 애덤스 대통령 이후의 모든 미국 대통령이 관저로 사용했으며, 수도에서 가장 오래된 연방 건물입니다.

 백악관은 시련도 많이 겪었는데, 영국와 벌인 미국의 독립전쟁 중에 불에 타기도 하였고, 남북전쟁 중에 포격을 받아서 건물 일부가 무너지기도 했습니다.

 새로운 대통령이 일을 시작할 때 건물이 계속 증축되기도 했는데요, 시어도어 루스벨트 대통령 집권기에는 건물 2층에 있던 대통령 집무실이 가족들의 숙소로 전환되었고 대통령과 늘어나는 수행원들에게 더 넓은 사무실을 제공하기 위해 서측 건물이 증축되었습니다. 또한 1942년 동측 건물이 완성되어 더 많은 사무실이 제공되었습니다. 왼쪽 건물은 웨스트 윙(west wing, 왼쪽 날개), 오른쪽 건물은 라이트 윙(right wing, 오른쪽 날개)이라고 부른답니다. 1948년 해리 트루먼 대통령 때 중심 건물을 대대적으로 보수하고 건물 외벽과 내부장식 전체를 다시 만들었습니다. 케네디 대통령 때 영부인인 재클린 케네디가 여러 방들을 예술적으로 장식하면서 최근의 모습을 갖추게 되었습니다.

백악관에는 모두 130개 이상의 방들이 있습니다. 중심 건물에는 대통령 가족의 숙소와 18~19세기 양식으로 장식된 여러 접대실들이 있는데, 중심 건물의 일부는 관광객들이 볼 수 있도록 개방하고 있습니다.

오랫동안 백악관은 미국의 주요한 명승지가 되어 왔으며, 대중에게 공개된 지역에는 매년 150만 명의 관광객이 다녀갑니다.

한국의 대통령 관저는 푸른 기와로 지붕을 만들었다고 해서 청와대라고 부릅니다. 청와대도 역시 대통령이 거주하면서 업무를 보는 장소로 사용되고 있습니다. 대통령 가족이 거주하는 상춘재와 대통령실 그리고 언론을 상대하는 춘추관을 모두 포함하여 청와대라고 부릅니다. 이승만 대통령 때까지는 '경무대' 란 이름으로 불렸고 1961년 윤보선 대통령 때부터 청와대로 이름을 바꾸었습니다. 이후 노태우 대통령 때 신관을 건축하였고, 2003년에는 비상시를 대비하여 위기관리센터가 설치되었습니다.

4장 대통령 오바마

지금이 기회다

    2005년 연방 상원의원이 된 버락 오바마는 한 해를 조용히 보냈습니다. 그 다음 해인 2006년이 되자 그는 활발하게 움직이기 시작했습니다. 그는 동료 민주당 의원들을 돕는 일에 몰두했습니다. 대통령 출마를 목표로 동료 의원들의 지지를 이끌어내기 위해서였습니다.

    오바마의 지지자들은 날이 갈수록 늘어나고 있었습니다. 지지자가 늘어나자 오바마와 참모들은 진지한 고민을 하기 시작했습니다. 그러나 처음 뽑힌 의원으로서 대선 출마를 저울질하는 것은 쉽지 않은 일이었습니다. 캠프의 전략가인 액셀로드도 확신을

하지 못했습니다. 그들은 모든 문제를 조심스럽게 접근했습니다. 그는 논쟁에 휘말리는 것을 최대한 피하고, 차근차근 정치 경력을 쌓아 나갔습니다.

오바마는 임기 첫 9개월 동안 일리노이 주 밖에서는 연설도 하지 않았고 토크쇼에도 나가지도 않았습니다. 맡은 일을 게을리 하면서 인기만 얻으려는 정치인으로 공격을 받을 수 있기 때문이었지요. 오바마는 더 큰 꿈을 이루기 위해 당 내의 지지 기반을 넓히고 많은 사람들의 미움을 사지 않기 위해 신경을 써야 했습니다.

그때 오바마의 손을 잡고 이끄는 사람이 있었습니다. 그는 톰 대슐이었습니다. 그는 오바마가 가장 신뢰하는 거물 중에 한 사람으로 민주당 상원 원내대표를 지낸 사람입니다.

어느 날 두 사람은 함께 밥을 먹으러 식당에 갔습니다. 식사를 마치자 톰 대슐은 오바마에게 단도직입적으로 말했습니다.

"이보게 오바마, 이번에 출마하도록 하게. 머뭇거리지 않았으면 좋겠어. 이번 기회를 놓치면 다음에 또 기회가 올 것이라는 생각은 버려야 해. 상원에 오래 있을수록 '그 표결에서는 왜 찬성

했나', '그때 그런 말은 왜 했나' 등에 대해 변명할 게 많아지고, 그렇게 되면 설득력이 떨어지니까 말일세. 자네는 지금 순수한 열정을 가지고 있어. 그것을 국민에게 보여주게. 국민들은 따를 거야."

오바마는 대슐의 말뜻을 이해하고 고개를 끄덕였습니다. 대슐은 오바마에게는 정치적으로 아버지와 같은 존재였습니다.

오바마는 가장 친한 친구와 보좌관들을 불러 모았습니다. 자기가 대통령에 출마하면 어떤 질문과 공격을 받을 수 있을지 조사해서 알려 달라고 했습니다.

오바마의 출마에 부정적인 반응을 보였던 사람 중엔 성공한 흑인 친구들이 많았습니다. 한 친구는 이렇게 말했습니다.

"미국은 아직 흑인 대통령을 받아들일 준비가 안 됐어."

그러나 오바마는 단호하게 말했습니다.

"내 생각은 달라. 지금 흑인 대통령을 받아들일 준비가 안 됐다면 내가 죽을 때까지 그럴 거야. 나는 그런 선입견에 도전하겠어."

2007년 2월 10일 일리노이 주의 스프링필드.

매서운 추위가 몰아치던 일리노이 주의 옛 주정부청사 앞 광장에서 오바마는 "우리 세대가 이제 시대적 소명에 답할 때"라고 말하면서 대권 도전에 출사표를 던졌습니다.

　　그가 출마를 선언한 장소는 지난 1858년, 에이브러햄 링컨 대통령이 "내부가 갈라진 집은 서 있지 못한다"는 명연설로 흑인노예해방의 정치 투쟁을 시작했던 곳이기도 합니다.

　　오바마가 상원의원이 된 순간부터 사람들은 그가 차기 대통령 후보가 될 것이라고 기대하고 출마를 권유했습니다. 오바마는 오랜 시간 신중하게 생각한 끝에 결론을 내리고, 모든 사람들이 지닌 가치와 꿈을 이루기 위해 대통령 출마 발표를 했습니다.

　　"우리는 더 나은 정치를 할 수 있습니다."

　　이 말은 오바마가 지금까지 일관되게 외친 사명이었습니다.

　　3월 18일 오바마는 필라델피아에서 행한 '인종 연설'에서 다인종, 다민족, 다문화적 특성을 지닌 자신이 누구인가를 국민들에게 알렸습니다.

　　"저는 케냐 출신의 흑인 남성과 캔자스 출신의 백인 여성 사이에서 태어났습니다. 저를 키워준 백인 외할아버지는 2차 세계

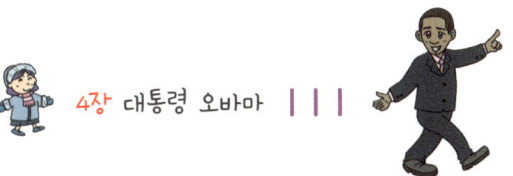

대전 때 패튼 군단에서 복무했고, 할아버지가 바다 건너 전쟁터에 가 있는 동안 백인인 외할머니는 폭격기를 생산하는 공장에서 일했습니다. 저는 미국에서 가장 좋은 학교들을 나왔고, 세계에서 제일 가난한 나라에서 산 적도 있습니다. 노예의 피와 노예 소유주의 피를 함께 물려받은 흑인 여성과 결혼해서 이 혈통을 사랑하는 두 딸에게 물려주었습니다. 다양한 인종, 다양한 피부색의 형제 자매, 조카, 삼촌과 사촌들이 세 개의 대륙에 흩어져 살고 있습니다. 이런 사연이 저를 일반적인 후보자들과는 다르게 만들었습니다."

오바마는 자신의 형제 자매 아홉 명이 아메리카, 아프리카, 아시아 세 개 대륙에 흩어져 살고 있기 때문에 인종, 민족, 문화를 다 아우르는 '글로벌 패밀리' 라는 것을 계속해서 강조했습니다.

 ## 최초의 흑인 대통령

2008년 1월 3일, 미국은 물론 전 세계의 눈이 아이오와 주의 민주당 대통령 후보 경선에 쏠렸습니다.

민주당의 첫 번째 경선지인 아이오와에서 승리를 거둔 후보가 앞으로 이어질 경선에서 이길 가능성이 많기 때문입니다. 민주당의 경선 후보는 총 일곱 명이나 되었지만 모든 면에서 앞선 스타 정치인 힐러리 클린턴 상원의원의 승리를 점치는 사람들이 많았습니다.

선거 자금도 넉넉하고, 당내 지지도도 높고, 무엇보다도 8년이나 미국을 다스렸던 빌 클린턴 전 대통령의 아내라는 유리한 조건

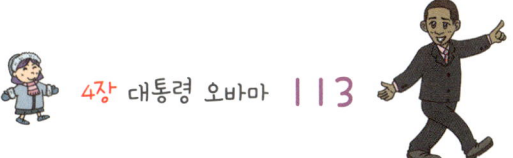

을 무시할 수 없었지요. 8년 동안 퍼스트레이디(대통령 부인) 역할을 하면서 정치적 감각을 키웠기 때문에 누구보다도 준비된 대통령 감이었습니다. 그래서 힐러리는 경험을 내세워 자신을 지지하는 세력을 키워나갔어요.

하지만 오바마 진영의 전략은 달랐습니다.

오바마의 아이오와 경선 전략은 반전 세력과 청년층, 진보 진영의 연합 세력을 구축한다는 것이었습니다. 그는 시민운동 단체들과 연계해 선거를 치르기로 했는데 그것은 공동체 조직가 시절의 경험에서 나온 전략이었습니다.

시민운동 방식의 선거운동은 현장에서 직접 뛴 오바마의 운동원들 덕분에 빛을 발했습니다. 오바마는 아주 전문적이고 잘 짜인 선거운동을 지휘했고, 그를 돕는 운동원들의 기세 또한 당당했습니다. 그러자 변화에 대한 열망을 가진 많은 청중들이 스스로 모여들기 시작했습니다.

오바마는 아이오와 유세에서 파도를 일으키듯 리듬을 실어서 이렇게 외쳤습니다.

"몇 명이 일어섰기 때문에 더 많은 사람이 일어섰고, 덕분에

수천 명이 일어섰고, 수백만 명이 일어섰습니다. 아이오와 주민 여러분도 그렇게 일어서 주십시오."

그러나 오바마 진영은 아이오와 경선 당일까지도 힐러리를 이길 수 있다는 자신감이 없었습니다. 그러나 투표가 시작되고 얼마 지나지 않아 오바마의 보좌진들은 각 선거구에서 올라오는 보고를 듣고 만세를 불렀습니다. 투표장마다 오바마를 지지하는 사람들이 줄을 섰다는 것입니다. 아이오와 경선에 그렇게 많은 투표인단이 몰려올 거라고 예상한 사람은 아무도 없었습니다. 예상을 깨고 몰려온 사람은 23만여 명이나 되었지요.

이날 오바마는 아이오와 주의 민주당 후보 경선에서 38퍼센트의 득표율을 보여 29퍼센트를 득표한 힐러리 클린턴 상원의원을 제치고 승리했습니다. 백인이 90퍼센트인 지역에서 거둔 승리는 오바마를 불안하게 보던 다른 지역 유권자들에게 강한 메시지를 보냈습니다.

오바마는 아이오와에서 승리한 후 청중들을 향해 환호성을 질렀습니다.

"우리는 이번 선거에서 승리해 역사를 바꾸고, 나아가 미국과

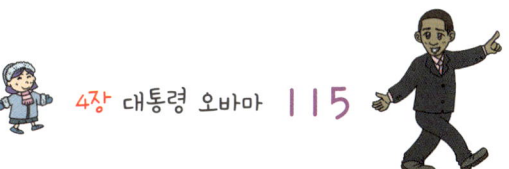

세계의 상처를 치유하는 여정을 시작할 것입니다."

그러자 다들 이렇게 말하기 시작했습니다.

"세상에, 저러다가 진짜 대통령이 될지도 몰라."

오바마는 경쟁자였던 힐러리 클린턴 상원의원을 꺾고 승리의 여세를 몰아 갔습니다.

오바마를 지지하는 열기는 식을 줄을 몰랐습니다.

오바마가 나서는 유세장마다 "Yes, We Can(예, 우리는 할 수 있어요)", "Change, We can believe in(변화, 우리는 믿을 수 있어요)" 등의 진취적인 구호가 터져 나오고, 오바마가 그 자리를 떠나면 마치 유명 스타의 공연이 끝난 후처럼 유세장을 메운 열기가 식을 줄 몰랐습니다.

오바마는 6월 3일 몬태나와 사우스 다코타 주를 끝으로 막을 내린 5개월 간의 경선레이스에서 승리를 확정 지은 뒤, 8월 덴버 전당대회에서 민주당의 첫 흑인 대통령 후보로 공식 지명되었습니다.

선거 기간 내내 미국은 오바마 열풍으로 후끈 달아올랐습니다.

2008년 11월 4일, 미국 국민들은 역사상 아주 중대한 결정을 내렸습니다.

　이날 실시된 미국 대통령 선거에서 버락 오바마 민주당 후보가 공화당의 존 매케인 후보를 누르고 미국 역사상 첫 흑인 대통령으로 당선된 것입니다.

　첫 흑인 대통령의 당선!

　이것은 흑인이 노예에서 해방된 지 145년 만에 이루어진 역사적 사건입니다. 전 세계는 미국 국민들의 선택에 찬사와 부러움과 존경을 보냈습니다.

　오바마의 당선은 2008년 9월 중순 이후 세 차례의 TV토론과 각종 여론조사에서 드러난 대로 예고된 승리였습니다.

　선거를 앞두고 우려했던 이른바 '브래들리 효과(여론조사에서 흑인 후보를 지지한다고 답한 백인 유권자들이 정작 투표장에서는 백인 후보에게 투표하는 현상)'가 이번에는 일어나지 않았습니다.

　오바마는 제44대 대통령으로 당선이 확정된 뒤, 시카고 그랜드파크에 마련된 축하 행사장에서 "헬로 시카고!" 하고 외친 뒤

"미국에 변화가 오고 있다"면서 에이브러햄 링컨 대통령이 말한 '국민의, 국민에 의한, 국민을 위한 정부'가 이번 선거를 통해 살아 있음을 재확인했다고 첫 당선 소감을 밝혔습니다.

오바마는 "미국이 모든 것이 가능한 나라인지, 그리고 우리나라를 건국한 사람들의 꿈이 우리 시대에도 아직 살아 있는지, 우리 민주주의의 힘에 대해 여전히 의문을 가진 사람이 있다면 오늘밤이 답이 될 것"이라고 말했습니다.

그는 또 "변화는 오랫동안 오고 있었지만 역사적 순간인 이번 선거에서 우리가 해낸 일 때문에 오늘밤 미국에 변화가 왔다"고 힘주어 강조했습니다.

이 순간 지지자들의 열광적인 환호와 박수가 터져 나왔습니다.

오바마는 이번 대선 승리의 가장 큰 원동력이 지지자들의 헌신적인 노력이었다고 강조했습니다. 그는 "이번 승리가 진정 누구의 것인지를 절대 잊지 않을 것"이라며 "이번 승리는 여러분의 것"이라고 말했습니다.

오바마 당선인은 미국 건국 232년 이래 처음으로 탄생한 흑인 대통령이라는 점 하나만으로도 미국의 정치사는 물론 경제, 사회,

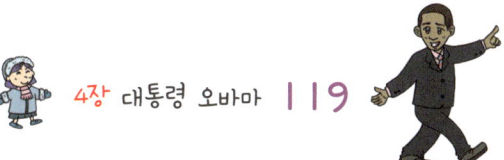

문화 전반에 걸쳐 전에 없는 변화의 바람을 몰고 올 것입니다.

   2009년 1월 20일. 오바마는 정식으로 미합중국의 제44대 대통령에 취임했습니다.

 ## 평화와 화합을 위하여

　오바마 대통령은 취임하자마자 화합의 상징으로 떠올랐습니다. 인터넷을 통해서 국민들과 적극적으로 대화를 나누고 약자의 이야기를 듣기 위해 노력했습니다. 가끔 대통령에게 무엇이든 물어보라고 하며 직접 트위터에 글을 올리기도 했습니다. 국민들과 적극적으로 소통하는 것을 최고의 목표로 삼은 것이죠.

　그러던 어느 날이었습니다.

　유명한 학자인 게이츠 교수는 중국 여행을 마치고 집에 돌아왔습니다. 오랜만에 집으로 들어가려고 하는데 열쇠가 없었습니다. 하는 수 없이 문을 열려고 여러 가지 노력을 하는 도중에 한

경찰이 다가오는 것을 보았습니다. 그 지역을 순찰하는 크롤리라는 경사(경찰의 계급)였습니다.

크롤리 경사는 게이츠 교수에게 말했습니다.

"집 밖으로 나오시오."

게이츠 교수는 화가 났습니다. 자신의 집에서 나오라고 하는 명령을 들었으니 말이지요. 게이츠 교수는 자신이 흑인이기 때문에 이런 대접을 받는다고 생각했습니다.

"싫소. 난 누구의 말도 듣지 않을 것이오."

게이츠 교수는 소리쳤습니다. 크롤리 경사는 '어떤 흑인이 문을 따려 한다'는 이웃의 신고를 받고 왔기에 조사해야 했습니다.

"밖으로 나오지 않으면 체포하겠소."

"맘대로 하시오."

두 사람은 언쟁을 벌였고, 게이츠 교수는 크롤리 경사에게 체포 당했습니다.

오바마 대통령은 이 소식을 들었습니다. 그리곤 "그 집의 주인인 게 분명한 사람을 체포한 경찰의 행동은 어리석었다"고 말했습니다.

그러자 크롤리 경사와 경찰 동료들은 공무를 집행 중이었다며 대통령에게 반발했고, 흑인 사회에서는 게이츠 교수가 흑인이었기 때문에 그런 대접을 받은 것이라며 흥분했습니다. 잘못하다가는 인종 간의 대결로 번질 위기였습니다.

오바마 대통령은 다시 화합의 힘을 발휘했습니다. 공식적으로 대응하는 대신 대통령으로서의 권위를 내려놓고, 게이츠 교수와 크롤리 경사에게 맥주나 한잔하면서 이야기하자고 초대했습니다.

대통령이 가벼운 옷을 입고 카페에서 맥주를 마시며 당사자들과 이야기를 나누는 장면은 큰 화제가 되었습니다. 서로 감정이 크게 상할 수도 있었던 문제를 허심탄회하게 이야기하며 풀어낸 것입니다. 게이츠 교수와 크롤리 경사도 서로 많은 것을 이해하고 돌아갔습니다.

오바마 대통령의 소탈한 행보는 계속되었습니다.

백악관에서 근무하던 한 직원이 임기를 마치고 떠나게 되었습니다. 이 직원도 흑인이었죠. 이 직원에게는 제이콥이란 다섯 살짜리 아들이 있었습니다.

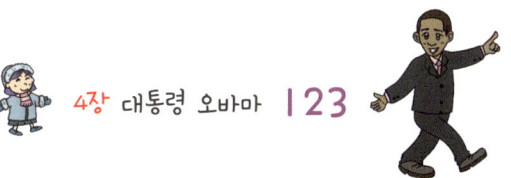

직원 가족은 백악관을 떠나면서 오바마 대통령의 직무실에 인사를 하러 찾아왔습니다. 그런데 제이콥이 대통령에게 질문이 있다고 했습니다.

오마바 대통령은 웃으면서 말했습니다.

"그래, 무엇이 궁금하니?"

그러자 제이콥은 작은 목소리로 말했습니다.

"내 머리카락과 대통령의 머리카락이 같은지 알고 싶어요."

제이콥은 흑인 특유의 곱슬머리를 하고 있었습니다. 그래서 흑인 대통령의 머리카락도 자신과 같은지 알고 싶었던 것입니다.

오바마 대통령은 어린 제이콥을 위해 머리를 숙였습니다.

"그래 한번 만져봐라."

제이콥은 머뭇거리다가 대통령의 머리를 쓰다듬었습니다.

"제 것과 똑같네요."

직접 눈으로 흑인이 대통령이 되는 것을 보고 머리카락까지 만져본 제이콥의 꿈은 커졌습니다. '흑인도 할 수 있다'란 것을 알았기 때문이죠. 제이콥은 이제 대통령이나 우주비행사가 되겠다는 꿈을 꾼다고 합니다.

오바마는 소수 인종과 흑인에게 희망, 그 자체였습니다.

"올해 노벨상 수상자는 버락 오바마입니다."

2009년 10월 9일 노르웨이의 노벨위원회는 그해 노벨 평화상 수상자로 오바마 대통령을 지명했습니다. 평화와 화합을 위해 노력한 업적을 기림과 동시에 오바마 대통령이 앞으로 해나

갈 정치에 기대를 갖고 있다는 뜻이었습니다.

　노벨 위원회는 오바마 대통령을 선정한 이유로, 핵 없는 세상을 위한 노력, 국제외교와 인류 협력, 민주주의와 인권 강화, 그리고 '모두가 더 나은 세상을 희망할 수 있도록 한 것'을 꼽았습니다.

　2000년에 우리나라의 김대중 대통령이 수상한 이후, 대통령으로서는 처음 수상한 것입니다. 오바마 대통령은 노벨상을 겸손히 받아들이겠다고 했습니다.

또 다른 4년

　모두의 사랑을 받던 오바마 대통령에게도 시련이 찾아왔습니다. 2007년부터 시작된 세계적인 경제 위기 때문에 미국 경제도 매우 힘이 들었습니다. 실업자는 증가하고, 기업들은 돈이 없어 쓰러졌습니다. 최고의 부자 나라 미국에 돈이 없는 사태가 일어난 것입니다. 오바마가 대통령이 된 이후에도 사정은 별로 나아지지 않았습니다.

　사람들은 모두 대통령인 오바마에게 책임을 지라고 말했습니다. 오바마 대통령도 경제를 살리기 위해 애를 썼습니다. 오바마 대통령은 미국을 이끌어가는 경제인들인 스티브 잡스, 워렌 버

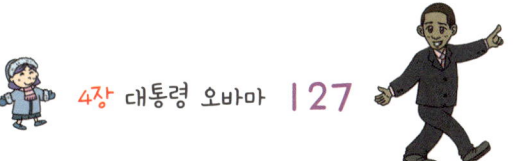

핏, 마크 저커버그 등을 백악관으로 초대해서 그들의 의견을 듣기도 했습니다.

오바마 대통령은 일자리를 만들고 대통령이 되었을 때 약속했던 복지 정책을 실현시켜 나갔습니다. 오바마 대통령은 4년 동안 240만 개의 새로운 일자리를 만들었고, 세계 평화를 위해 노력했습니다.

"그가 나타났습니다."

오바마 대통령은 CIA(미국중앙정보부) 국장으로부터 비밀 보고를 받았습니다. 오사마 빈 라덴이 있는 곳을 파악했다는 보고였습니다. 오사마 빈 라덴은 9·11 테러를 일으킨 테러리스트였습니다.

2001년 9월 11일, 세계는 공포에 빠졌습니다. 테러리스트들이 미국의 항공기 3대를 납치해 그중 두 대를 미국무역회관 빌딩에 충돌시켰습니다. 뉴욕을 상징하는 미국무역회관 빌딩은 쌍둥이 빌딩이라는 애칭으로 불리는 거대한 건물입니다. 이 충돌 때문에 빌딩은 무너져내렸고 5000명이나 되는 사람이 목숨을

잃었습니다. 이 테러를 일으킨 주범이 바로 오사마 빈 라덴이었고, 미국은 그를 잡으려고 10년이 넘게 추적해 왔습니다.

워낙 신출귀몰한 빈 라덴이었기에 그를 찾는다는 것이 쉽지 않았습니다. 2011년 2월, 드디어 빈 라덴이 숨어 있다는 건물을 발견했습니다. 미국은 위성과 무인항공기까지 동원한 최첨단 장비로 빈 라덴을 관찰했습니다.

오바마 대통령은 5월 2일 새벽을 기해 빈 라덴을 제거하라는 명령을 내리고 직접 작전 상황을 지휘했습니다. 미국의 특수부대 네이비실이 작전명 '제로니모'를 실행한 것입니다. 두 대의 헬기에 나눠 탄 특수부대 요원들이 빈 라덴이 숨어 있는 집을 급습했고, 총격전 끝에 빈 라덴을 사살했습니다. 10년 만에 미국의 적을 제거한 것입니다.

이렇게 많은 일을 했지만 2012년 대통령 선거에서 오바마가 다시 당선될 수 있을지는 미지수였습니다. 아직까지 미국 경제가 나아지지 못했고, 상대편 대통령 후보인 미트 롬니는 오바마 대통령을 실패한 대통령이라며 끝까지 괴롭혔습니다.

오바마와 롬니는 대통령 선거를 치르기 위해 전국을 돌며 연

설을 하는 등 바쁘게 보냈습니다. 선거를 일주일 여 앞둔 10월 30일 미국 동부지역에 초대형 태풍 '샌디'가 불어 닥쳤습니다. 뉴저지 주와 뉴욕 주 등 인구가 많이 사는 곳에 태풍이 상륙해 엄청난 피해가 났습니다.

오바마 대통령은 즉각 선거 운동을 중단하고 피해가 커지고 있는 뉴욕과 뉴저지 주로 날아갔습니다.

오바마 대통령은 큰 피해를 입은 뉴저지 주의 주지사에게 찾아가 말했습니다.

"우리는 긴 여정을 함께하려고 이 자리에 섰습니다."

뉴저지 주의 주지사는 모든 것을 제치고 달려온 오바마 대통령에게 큰 감동을 받았습니다.

"대통령이 이곳을 찾아주셔서 정말 고맙습니다."

사실 뉴저지 주의 주지사는 공화당에 소속된 사람으로서 오바마의 상대편인 미트 롬니를 지지하는 대표적인 인물이었습니다. 위기 앞에서 오바마 대통령은 적과 아군을 따지지 않은 것이죠.

오바마 대통령은 직접 피해를 입은 국민들을 만났습니다.

"일하던 가게에 물이 들어찼습니다. 저는 아무런 희망이 없

어요."

한 가장은 그렇게 말했습니다.

"번개가 치면 너무 무서워요."

여덟 살 어린 아이도 말했습니다.

오바마 대통령은 이들의 손을 잡고 말했습니다.

"미국이 여러분들을 지켜보고 있습니다. 정부는 모든 것이 정상으로 되돌아갈 때까지 최선을 다해 돕겠습니다."

국민들은 진솔하게 위로를 보내는 대통령에게 찬사를 보냈습니다. 국민들은 대통령이 태풍을 아주 슬기롭게 잘 넘겼다고 평가했습니다.

미국 국민들은 그런 오바마 대통령에 대한 희망을 버리지 않았습니다. 2012년 11월 6일, 미국 국민들은 선거를 통해 다시 4년이라는 시간을 오바마에게 주었습니다. 오바마 대통령은 그들의 희망을 현실로 바꾸기 위해 앞으로도 계속 노력할 것입니다.

단 1%의 희망이라도 오바마 대통령에게는 아주 소중한 것이니까요.

 미국의 대통령 선거

　미국의 대통령 선거는 우리나라와 조금 다른 방식으로 진행됩니다. 우리나라는 하루에 모든 국민들이 참여하는 직접선거로 치르지만 미국은 각 주에서 투표대리인단을 뽑는 간접선거 방식입니다.

　쉽게 말하자면 우리나라의 선거는 반장 선거와 같습니다. 후보가 나오면 학생들이 한 표씩 투표를 하고 가장 많이 표를 얻은 사람이 반장이 되죠? 우리나라의 대통령 선거도 그와 같습니다. 국민이 한 표씩 후보에게 투표해서 가장 많은 표를 얻은 사람이 대통령이 됩니다.

　미국은 각 주의 대표들이 모여서 선거를 한다고 했는데, 학교에 비유를 해봅시다. 학교에 학생회장을 뽑는데 각 반의 대표 10명씩 뽑은 후보들이 대표로 선거를 하는 것입니다. 각 반의 학생들은 우리 반은 어떤 후보를 지지하는지 투표를 하고 투표를 대신할 대표를 보내는 것이죠.

　그런데 미국 선거 방식의 재미있는 특징은 승자가 모든 표를 가져간다는 것입니다. 가령 우리 반에서 투표를 했는데 가 후보가 60퍼센트 나 후보가 40퍼센트의 표를 받았다고 가정합시다. 그러면 공평하게 하자면 우리 반의 대표는 가 후보 지지자 6명, 나 후보 지지자 4명을 학생회장 선거에 보내야 할 것 같은데, 우리 반의 의견은 가 후보를 지지했기 때문에 가 후보 지지자 10명을 회의장에 보내는 식입니다.

그러므로 5반까지 있는 학교에서 학생회장이 되려면 3개 반에서 이겨야 합니다. 각 반의 대표들은 각각의 학생을 대표하는 것이 아니라 각 반의 의견을 대표하기 때문입니다.

미국의 선거도 각 주에서 승리해서 선거인단을 많이 확보해야 합니다. 각 주의 인구비례에 따라 선거인단의 수도 다르기 때문에 보다 사람이 많은 주에서 승리하는 것이 무엇보다 중요하지요.

우리 생각에는 조금 이상할 수도 있지만 미국은 한 나라가 아니라 각 주가 연합해 만든 연합국의 성격을 띠고 있기 때문에 이런 방식으로 진행한답니다. 선거인단은 미국인 각 개인을 대표하는 것이 아니라 각 주의 의견을 대표한다는 것이죠.

선거인단 선거가 모두 끝나면 12월에 한 자리에 모여 대통령 선거를 치릅니다. 사실 각 주의 의견이 모두 나와 있기 때문에 선거는 형식적인 순서에 불과하지요.

또 미국의 대통령 선거가 우리와 다른 점은 미국 대통령은 재임이 가능하다는 것입니다. 두 번까지 대통령을 할 수 있기 때문에 현직 대통령과 대통령 후보 간에 선거를 치르는 재미있는 모습을 볼 수 있습니다.

재미있는 논술활동

다음 글을 읽고 여러분의 생각을 정리해보세요.

오바마는 뉴욕의 컨설팅 회사에서 근무했습니다. 그곳에서 그는 능력을 인정받고 곧 임원으로 승진할 참이었습니다. 그런데 그 때 케냐에 살고 있는 이복동생이 전화를 했습니다.
"데이비드가 오토바이 사고로 죽었어. 왜 우리 집에는 슬픈 일만 생기지?"
데이비드도 오바마의 이복동생이었습니다. 오바마는 동생의 전화를 받고 새로운 깨달음을 얻었습니다. 자신이 임원으로 승진하는 것보다 지구 반대편에 있는 누군가에게 의미 있는 일을 하는 사람이 되고 싶었습니다.
오바마는 그런 일을 하자면 조금 더 큰 사람이 되어야겠다고 생각하고 하버드 대학 법학 대학원에 진학했습니다. 그곳에서 많은 경험을 쌓은 오바마는 정치를 시작하였고, 모두에게 의미 있는 사람인 미국의 대통령이 되었습니다.

1 오바마의 이야기를 '원인과 결과'로 나누어서 생각해 보세요. 오바마가 하버드 대학 법학 대학원으로 가게 된 '원인'은 무엇이었나요?

_____

_____

_____

2 법학 대학원에서 공부를 열심히 한 '결과'는 무엇이었나요?

_____

_____

_____

3 여러분의 학교생활을 원인과 결과로 말해보세요.

_____

_____

_____

부모님께

'원인과 결과' 이야기는 초등학교 3학년 국어 과정에서 배우는 단원입니다. 거의 대부분의 일에는 원인과 결과가 있다는 것을 알려주시고, '왜'와 '어떻게'의 상관관계도 말해주시면 좋습니다.

예시답안

1. 동생으로부터 또다른 동생인 데이비드가 오토바이로 죽었다는 전화를 받은 것이 원인입니다.

2. 법학 대학원에서 열심히 공부한 결과로 정치를 시작하였고 대통령이 되었습니다.

3. 엄마가 수학 100점을 받으면 치킨을 사주겠다고 하셔서 열심히 공부해서 100점을 맞았습니다. 치킨보다 엄마가 기뻐하는 것이 더 좋았습니다.